중학교 영어 실력이면

영어로 수다
떨 수 있다

중학교 영어 실력이면
영어로 수다 떨 수 있다

초판 1쇄 인쇄 2019년 5월 7일
초판 1쇄 발행 2019년 5월 14일

지은이 권주영

발행인 백유미 조영석
발행처 (주)라온아시아
주소 서울특별시 서초구 효령로 34길 4, 프린스효령빌딩 5F

등록 2016년 7월 5일 제 2016-000141호
전화 070-7600-8230 **팩스** 070-4754-2473

값 13,800원
ISBN 979-11-89089-88-7 (03320)

라온북은 독자 여러분의 소중한 원고를 기다리고 있습니다. (raonbook@raonasia.co.kr)

중학교 영어 실력이면
영어로 수다 떨 수 있다

Do you wish you could speak English?

No more study.

ENGLISH SPEAKING TRAINING

Start with what you know.

You can speak English, too!

Let's speak English without fear!

Speaking for your spirit

권주영 지음

RAON
BOOK

중학교 영어 실력이면,
당신도 영어로 수다 떨 수 있다

나는 영어 공부에 대한 소신이 있다. 세상을 살면서 자신의 소신을 지키려면 도전을 해야 한다고 생각한다. 그것은 남과 다른 방법을 찾는 것이다. 적어도 영어회화 분야만큼은 다수의 선택이 틀렸다고 생각하고, 내가 옳다고 여기는 방법으로 영어 말하기 훈련을 해 왔다. 영어 공부는 정말 하기 싫었지만 영어로 편하게 말하고 싶었던 모순을 해결하는 방법을 개발했다. 이 책에서 제시하는 방법을 잘 활용하면, 영어가 편하게 느껴진다. 심지어 단어를 몰라도 하고 싶을 말을 할 수 있다. 나는 이 방법을 소개하고 훈련시키는 한 명의 동기부여자(a motivator)일 뿐이다.

이 책에는 내가 생각하는 영어 말하기 방법을 정리했다. 먼저 이 책의 저자인 내가 얼마나 평범한 사람인지, 얼마나 영어 공부를 싫어했는지 이야기할 것이다. 영어를 편하게 말하고 생각하게 된 계기를 이야기하고, 영어 말하기 실력을 늘리는 두 가지 방법에 대해 설명하려고 한다. 하나는 심리적인 측면에서 영어에 대한 두려움을 없애고 한국어처럼 영어로 바로 말할 수 있는 방법이다. 다른 하나는 음악적인 측면에서 영어 목소리를 갖고 영어 말하기 속도를 배워서 영어 실력을 향상시키는 방법이다.

이 책을 통해서, 다음과 같은 효과를 얻을 수 있다.

첫째, 영어 공부를 끊을 수 있다.

영어 공부를 죽어라 하는 것과 마음 편히 영어로 말하는 것은 전혀 별개의 일이다. 더 이상 단어를 외우지 않아도 된다. 더 이상 문장을 통째로 암기하지 않아도 된다. 지금 이 순간 자신이 알고 있는 단어와 문장만으로, 영어를 편하게 말할 수 있다. 수 년간 영어 공부에 올인한 사람, 수많은 영어 책을 보고 여러 영어 학원을 전전하며 영어 공부만 죽어라 한 사람뿐만 아니라, 게을러서 영어 공부를 못하는 사람, 암기가 안 돼서 영어와 담 쌓고 있는 사람, 나이가 많아서 영어를 포기한 사람, 영어 면접이 두려워서 이직을 못하고 사람, 영어로 말해야 한다는 부담감에 잠 못 이루는 모든 사람에게 큰 희망을 줄 수 있다.

둘째, 영어가 정말 편해진다.

심리적으로 편해진다는 의미다. 그만큼 영어 말하기 실력도 독자

개개인의 목적에 맞게 올라간다. 조금 실수하더라도 영어를 자신 있게 말할 수 있고, 영어를 말할 때 언어적으로 생각하고 느끼며 말하는 놀라운 능력을 갖게 된다. 다른 사람과 영어로 대화하면서, 어떻게 하면 대화를 이끌어 갈까 머릿속으로 생각할 수도 있다. 심지어 영어로 상대방과 말하면서 다른 생각도 할 정도로 영어로 말할 때 마음의 여유가 생긴다. 그와 동시에 영어 말하기 실력도 쑥쑥 올라간다. 어느 순간에는 스스로 영어다운 문장을 만들 수도 있고 자신만의 영어 공부 방법도 생긴다. 영어를 한국어처럼 생각하게 되는 것이다.

셋째, 한국을 벗어날 수 있다.

언어 장벽 때문에 스스로 한국에 갇혀 있다고 생각하는 사람이 많다. 분명 어학 시험에서 최고 점수를 받고 주변에서 똑똑하다고 여기는 사람이지만, 영어 때문에 하고 싶은 도전을 못하는 경우가 많다. 영어를 말하는 것은 시험 점수와는 상관이 없기 때문에, 영어 공부를 아예 하지 않아서 기초가 없는 사람들에게도 해당되는 이야기다. 두 경우 모두 이 책을 통해서 영어 말하기 훈련을 하면서 영어에 대한 관점을 바꾸게 된다면, 비록 한국에 있더라도 전 세계 사람과 소통할 수 있다. 기회가 된다면 해외로 직접 문을 두드릴 수 있다.

내가 스스로 터득한 방법이 대한민국의 모든 사람에게 전해진다면, 우리 대부분이 겪고 있는 영어 스트레스를 시원하게 날리고 새로운 도전을 할 수 있는 용기를 줄 것이라고 생각한다.

권주영

| CONTENTS |

3장

외우지 않아도 영어 말문이 트인다

영어 목소리를 만들자

당신도 영어로 말할 수 있다!

Start where you are.
Use what you have.
Do what you can.

–Arthur Ashe

당신의 위치에서 시작하라.
당신이 가지고 있는 것을 이용하라.
당신이 할 수 있는 일을 하라.

– 아서 애시(1943~1993)
혹인 최초로 윔블던 남자단식 정상에 오른
미국 테니스의 전설

한국어로
대화할 수 있다면,
영어로
대화할 수 있다

- Why You Don't Speak English -

스물여섯, 처음으로
영어가 편해지는 방법을 깨달았다

그냥 영어로 말하고 싶었다

영어로 말할 수 없다는 사실이 답답하다고 느낀 것은 스물여섯 살 때였다. 교보문고에서 우연히 지구본을 보면서 다른 여러 나라에 비해 우리나라가 정말 작게 느껴졌다. 더 넓은 세상에서 살고 싶다는 생각이 막연히 들었다. 그런데 어학 점수를 위한 영어 공부는 죽어도 하기 싫었다. 무슨 고집에서인지 그런 공부는 진짜 영어 공부가 아니라고 생각했다. 거창한 것을 원한 게 아니었다. 그저 내 생각과 내가 알고 있는 것을 영어로 편하게 말하고 싶을 뿐이었다.

나는 정상적인 공교육을 받고 대학교에 입학해 평범한 학생으로 살고 있었다. 주위에서 흔하게 볼 수 있는 평범한 사람이었고, 운동이나 공부도 뛰어나게 잘하지 않았다. 왜 우리나라에서는 영어 하기가 힘들까? 내가 영어를 잘하려면 유학이나 이민밖에 방법이 없을까? 이런 의문이 들었지만, 암기하는 것을 좋아하지 않아서 영어 어휘 책, 토익 책을 한 권도 보지도 않았다. 미국 드라마나 영화를 보면서 대사를 따라 하는 것도 왠지 무의미해 보였다. 영어 공부는 싫었지만 영어는 잘하고 싶었다.

좋아하는 주제로 영어 공부를 시작하다

그 당시 나의 관심 분야는 우리나라 및 미국의 경제, 회계, 세무, 법, 재무 분야였다. 부동산, 증권, 채권, 금 투자에도 관심이 많았다. 취업에도 필요한 분야지만, 살아가면서 꼭 필요한 지식이라고 생각했다. 그리고 영어로 말을 하더라도 전문적인 용어로 영어를 하는 게 멋있다고 생각했다. 맛집 이야기나 영화 이야기보다는 한국과 미국의 부가가치세 개념 차이, 향후 금리변동 추세처럼 뭔가 멋져 보이는 영어를 말하고 싶었다.

그런데 내가 원하는 수준의 경제 지식은 어려웠다. 특히 용어가 가장 어려웠다. 예를 들면 '대차대조표'라는 단어를 봤을 때 무슨 의미인지 몰라서 한자를 찾아봤지만, '貸借對照表'라는 한자 역시 이해하기 힘들었다. 그나마 영어가 쉬웠다. '대차대조표'를 뜻하는 balance sheet를 보면, 뭔가 '밸런스를 맞추는 표'라는 느낌이 들었다. 이렇게 영어 공부를 시작했다.

영어로 말하지 못하는 이유를 깨닫다

자신이 어떤 주제에 대해 잘 이해하고 있으면 다른 사람에게 그 내용을 설명할 수 있다. 하지만, 영어로는 내가 아는 주제도 설명할 수 없어서 너무 답답했다. 경제 책이나 투자 책을 봐도 대부분 아는 단어가 나왔고, 심지어 원어민(비전공자)도 모르는 비즈니스 용어까지 다 알지만 영어로는 말할 수 없었다. 영어 문법을 몰라서 말을 못하는 것일까? 영어 문법 선생님도 영어회화는 자신 없다고 했으니, 영어 말하기가 문법과도 크게 상관 있는 것 같지 않았다.

처음에는 영어 단어가 생각나지 않는 것이 문제라고 생각했다. 익숙한 단어라도 막상 말하려고 하면 머릿속이 백지가 되는 것 같았다. value, invest, inflation 등 잘 아는 단어인데도, 이 단어들로 문장을 만들려고 하면 아무 생각도 나지 않았다.

영어 잘하는 방법을 배우려고 영어 말하기에 성공한 사람들을 찾아보았다. 그런 성공 사례를 읽어 보니, "일단 말을 뱉어라"라는 식의 막무가내 방식을 많이 추천했다. 국내가 아니라 대부분 해외에서 말을 일단 뱉었다는 점이 내가 처한 상황과 달랐지만, 한 가지 아이디어는 얻을 수 있었다. 그 사람들은 두려움을 극복했다는 점이다. 방법을 알았지만, 한편으로는 힘이 빠졌다. '누구는 그 사실을 몰라서 못하나.' 심리적인 벽을 넘어설 수 없었다. 방법을 안다고 다 할 수 있는 것은 아니었다.

영어를 할 수밖에 없는 환경을 만들다

대학교 4학년 때, 국내의 한 증권사 인턴십과 미국 회사 인턴십 두 곳에 합격했다. 우리나라 증권사에는 CFP(Certified Financial Planner, 국제공인재무설계 자격증) 때문에 합격했던 것 같고, 미국 회사에는 영어 인터뷰 때 잘할 수 있다고 우겨서 합격했던 것 같다. 어렴풋이 기억하기에 2~3문장만 더듬거리면서 반복해서 말했다. 영어를 더 잘했다면 더 좋은 회사에 합격했을 수도 있지만, 해외로 갈 수 있다는 기대감만으로도 충분히 만족했다.

일정상 국내 증권사 인턴 기간이 끝나고 몇 주 후에 출국해야 미국 회사에서 인턴십을 할 수 있었다. 미국병인지 영어병인지 알 수 없었지만 무조건 미국에서 인턴 생활을 해야겠다고 마음 먹었다. 국내 증권사에서 인턴십을 마치고 뉴욕으로 떠났을 때, 그 기분은 이루 말할 수 없이 좋았다. 뉴욕에서 먹고 자고 일하면 자연스럽게 자동적으로 영어를 원어민처럼 할 수 있을 거라는 기대감에 부풀었다. 모국어를 하듯 영어로 그렇게 편해질 거라고 생각했다.

결국 장소는 중요하지 않았다

뉴욕에서 인턴십을 했던 회사는 자동차를 파는 큰 회사였다. 회사 소유의 부지도 엄청나게 큰 회사로, 구글 지도로 봐도 뉴욕 맨해튼 옆에 그렇게 큰 땅을 가진 회사가 있다는 게 신기할 정도였다. 나는 2층의 회계부서에서 일했다. 회계사(accountant)라기보다는 회계장부 담당자(bookkeeper)에 더 가까웠다.

출근 첫날 1층의 세일즈맨들과 만났을 때, "Good morning."이라는 말만 겨우 했다. 다양한 인종의 사람들과 섞여 있다 보니 모든 게 낯설었다. 다들 치열하게 사는 모습이 인상적이었다. 그 사람들이 쓰는 영어는 가족의 생계를 책임지는, 생생한 비즈니스 영어라는 생각이 들어서 그들이 멋져 보였다. 그들처럼 상대방을 설득하고 계약을 이끌어내는 영어를 하고 싶었다. 비록 TV에 나오는 수십억 달러 규모의 거래를 하는 비즈니스는 아니었지만, 금액만 다를 뿐 내 눈에는 똑같았다. 비록 회계부서에서 행정 업무를 담당하고 있었지만, 아래층에는 실전 비즈니스 영어를 하는 사람들이 있었다. 그 사람들과 친하게 지내다 보면, 나도 영어로 돈을 벌 수 있을 만큼 실력을 갖추리라 기대했다.

3일 후, 남들처럼 미드 〈프렌즈〉를 보면서 자막도 따라 읽고 들으면서 받아쓰기도 했다. 인터넷과 스마트폰의 언어도 영어로 설정했고, 한국어와의 모든 접촉을 끊었다. 그렇게 하면 영어를 저절로 잘하게 될 줄 알았다.

10일 후, 방에 처박혀 혼자 영어를 공부할 작정이면 여기까지 뭐 하러 왔나, 라는 생각이 들었다. 책도 덮고 컴퓨터도 끄고 밖으로 나갔다. 밤 하늘에 보이는 큰곰자리의 자미성을 지키는 별인 삼태성을 쳐다보면서, 나의 영어 공부 방법에 대해 곰곰이 생각했다. 이 방법은 절대 아니었다.

다음날 출근해서 1층의 세일즈맨 몇 명에게 식사를 같이 하자고 제안했다. 점심 식사를 하면서 그 세일즈맨들은 내게 어디서 왔는지 일하는 건 어떤지 물었다. 처음에는 단어로 대답하다가 그들이 장난도 치면서 편하게 대해 줘서 그럭저럭 말을 할 수 있었다. 그중 한 사람은 식사 후에 커피를 마시면서 자신의 이야기를 천천히 들려 주었다. '세상에! 버뮤다 지역에서 태어나 자랐다니.' 한국에 있었다면 들어 보지도 못했을 이야기였다. 나도 이런저런 이야기를 했는데, 어느 순간 두려움이 없어지니까 영어를 한국어처럼 말하고 있다는 느낌이 들었다. 영어를 지식이 아니라 언어로 사용했다는 깨달음이 왔다. 대단히 뛰어난 영어를 한 것도 아니었다. 자전거를 배울 때 넘어지지 않고 처음으로 균형을 잡고 페달을 돌리며 앞으로 나아간 것처럼, 영어도 한국어처럼 편하게 말할 수 있을 것 같다는 확신이 들었다. 유창한 영어는 나중의 문제였다. 일단 영어로 말하는 것이 편할 수도 있다는 사실이 신기했다.

20년 넘게 미국에 산 한국인도 영어 자신감은 0점

영어 말하기에는 중산층이 없다?

주변에서 한국에서 교육받고 자란 사람 중에서 스스로 영어 잘한다고 말하는 사람을 본 적 있는가? 나는 한국에서 초중고를 나오고 영어권 국가에서 대학을 나온 사람들 중에 스스로 영어 잘한다고 말하는 사람을 아직까지 만나지 못했다. 심지어 10년 넘게 해외에서 산 사람도 영어 자신감이 떨어지는 것은 마찬가지다.

이와 반대로 영어를 아주 잘하는 사람이 있다. 다만 아주 소수의 사람들이다. 기가 막힐 정도로 영어를 잘하는 사람과 못하는 사람의 양극화가 심하다. 대다수의 영어 못하는 사람들과 영어를 잘하는 극소수의 사람들이 있을 뿐이다. 체감상으로는 99.9퍼센트와 0.1퍼센트다. 0.1

퍼센트의 사람들은 주변에서 찾아보기 힘들다. 만약 있다고 하더라도 학원 강사인 경우가 많다. 일상적으로 생활하는 공간인 학교나 회사에서는 찾아보기 힘들다.

영어 말하기의 양극화는 지금 자본주의 사회에서 벌어지는 부의 양극화와는 차원이 다르다. 부의 양극화의 경우, 최소한 주변의 아는 사람들 중에는 잘 사는 친척이나 지인, 지인의 지인이 있기 마련이다. 영어 말하기의 경우 엄마 친구 아들의 지인까지 다 수소문해도 영어를 잘한다고 자부하는 사람이 없다.

왜 그런 것일까?

대한민국의 모든 사람이 단체로 저주에 걸린 것처럼, 영어에 대해서는 심리적으로 위축되어 있다. '나서지 마라' '어디서 되바라지게 할 말 다하냐' 등의 말로 아이들을 억압하고, 부모나 사회에서 원하는 대로 공부하고 침묵하고 순종하길 바라는 문화 때문일까? 그런 이유도 있겠지만, 나는 정답과 오답으로 구분되는 극단적인 평가 제도 때문이라고 생각한다. 주관식 문제보다는 정답 처리가 쉬운 객관식 문제의 시험 문화도 한몫 한다. 유년 시절부터 성인이 될 때까지, 학교, 학원, 부모, 교사 들 모두 하나의 정답을 찾으라고 교육했다. 하지만 대학교를 졸업하는 순간 모든 선택은 주관식으로 바뀐다. 그리고 더 이상 정답도 찾기 어렵다.

시험용 공부머리보다는 수다쟁이 말머리를 써라

오늘도 새벽에 일어나서 영어 단어를 외우고 문장을 외우는 수많은 사람들이 있다. 나도 그런 사람들처럼 노력해 봤지만, 그 기간은 길어야 이틀이었다. 끈기가 왜 이리 없는지 많이 자책했다. 하지만 다행이었다. 싫은 방법을 제외하니, 다른 방법을 개발하게 되었다.

영어 말하기 능력을 기르기 전에 우선 알아야 할 점이 있다. 영어 공부를 잘하는 것과 영어로 말을 잘하는 것은 크게 관련 없다. 오히려 공부를 많이 해서 문제라고 생각한다. 영화 한 편의 대사를 모두 외운다고 한들, 실제로 내가 말을 할 때 과연 몇 퍼센트나 활용할 수 있을까? 과연 내가 하고 싶은 말을 다하게 될까? 유명인의 연설문을 토씨 하나 안 틀리고 달달 외워도 실제로 그런 표현을 얼마나 많이 쓸 수 있을까?

다 알 필요 없다. 딱 필요한 것만 알면 된다. 단어를 몰라서 영어로 말하지 못한다는 것은, 숫자를 몰라서 덧셈, 뺄셈, 곱셈, 나눗셈 계산을 못한다는 것과 다를 바 없다. 이미 알고 있는 숫자(영어 단어)만 활용해도 사칙연산을 할 수 있다. 다만 그 계산 방법은 반드시 머릿속에 있어야 한다. '2+3', '4×5' 같은 계산식을 머릿속으로 생각하면서 셈을 하듯이, 영어 문장도 그렇게 생각하면서 머릿속으로 만들면 된다. 이렇게 만들어진 문장은 입 밖으로 바로 나올 수 있다.

이것이 영어를 언어로 사용하는 프로세스다. 만약 스스로 생각하지 않고 (책이나 드라마, 영화를 통해서) 남의 영어를 외워서 말한다면, 말머리에서 나온 영어가 아니다. 그것은 연극일 뿐이다. 연극이 끝나고 무대에서 내려오면 배우는 일상으로 돌아가야 한다. 그리고 시간이 지나면 대사들을 까먹을 것이다.

나만의 영어 스타일을 만들면 영어로 수다 떨 수 있다

평소에 말하는 한국어를 분석하면 오류가 아주 많다. 우리는 말할 때 한국어 문법을 생각하면서 말하지 않는다. 영어 역시 마찬가지다. 문법적으로 정확히 옳은 영어 문장으로만 말하려고 한다면, 100년을 배워도 영어를 편하게 쓸 수 없을 것이다. 더 이상 남의 눈치 보지 말고 그냥 편하게 영어를 써도 괜찮다. 다만 한국어를 쓰는 느낌으로 영어 말하기를 해야 한다.

국내에서는 영어로 편하게 말할 수 있는 사람이 상당히 적기 때문에 조금만 영어 말하기를 잘해도 금방 눈에 띈다. 95점에서 98점을 만드는 데 드는 노력보다, 30점에서 80점으로 올리는 노력이 상대적으로 쉽다. 중요한 것은 점수로 계량화하기보다는 나만의 영어 (말하기) 스타일을 갖는 것이다. 자신의 한국어 실력이 어학 시험으로 볼 때 80점이라도, 편하게 하고 싶은 말을 다 할 수 있으면 된다. 점수를 올리고 수준 높은 영어 구사능력을 쌓는 것은 일정 수준의 영어 실력이 될 때 효과가 있다.

적어도 영어 말하기 영역에서는 자신이 아는 단어와 지식을 99퍼센트 이상 사용해서 말할 수 있어야 한다. 그 원동력은 한국어처럼 영어를 언어로 생각하고 말하는 것이다(그 방법은 이 책의 3장과 4장에 자세히 소개되어 있다).

다시 한번 명심하자. 우리는 원어민도 불가능한 100퍼센트 완벽한 영어에 도전하는 것이 아니라, 제2외국어로 영어를 사용하는 사람으로서 필요한 말하기 실력만 갖추면 된다. 이 실력은 노력으로 가능하다.

20대에서 80대까지 누구나 가능하다. 왜냐하면 사람들마다 한국어 말하기 스타일이 이미 있기 때문이다.

공부는 하기 싫지만 영어로 말하고 싶은 욕심이 있다면?

'난 게을러서 영어 공부를 못하겠어'라고 지레짐작으로 아예 영어를 포기하고 있다면, 그럼에도 영어를 잘할 수 있는 요건이 갖춰져 있다고 말하고 싶다. '영어를 잘하는 방법 = 공부'가 아니기 때문이다. 영어를 공부로 생각하고 접근하면, 영어에 대한 흥미를 순식간에 잃는다. 공부로 접근하면 실력이 어느 순간까지만 늘고 더 이상 넘어설 수 없는 벽에 부딪친다. 영어 공부를 죽어라 열심히 하지만 만족할 만큼 실력이 안 느는 사람들은 한번쯤은 이 문제를 고민해 봐야 한다.

그렇다면 공부하지 않고 어떻게 영어 말하기 실력을 키울 수 있을까? 나는 최대한 오랜 시간 많은 사람과 이야기해야 한다고 생각한다. 오랜 시간은 영어로 생각하며 말하는 시간을 의미한다. 단순히 암기한 문장을 말하는 시간은 전혀 포함되지 않는다.

암기한 문장과 이해한 문장의 차이는 무엇일까? 암기를 했다면 1주일 후에는 그 문장을 영어로 말하려고 하면 생각이 안 날 것이다. 분명히 매일 매일 외우지는 않았을 테니까. 하지만 영어 문장을 이해했다면 1주일이 지나도 영어로 말할 때 사용할 수 있다. 예를 들어 "You should expand your horizon. (당신의 지평선을 넓혀야 한다.)"라는 문장은 사전적 의미와는 다르게 '다양한 경험을 쌓아야 한다'는 의미로 쓰인다. 이때 expand와 horizon의 의미를 이해했다면, 1주일 뒤에도 생각해서 영어 문장을 말할 수 있다. 하지만 "You should expand your horizon."을 단순히 '다양한 경험을 쌓아야 한다'라고 결론적인 의미만 기억하려고 한다면 99퍼센트의 확률로 잊어버릴 것이다. 또 다른 예로, "You need to think out of the box.(당신은 틀에서 벗어나 생각할 필요가 있다.)"는 독창적인 생각을 말할 때 쓸 수 있는 표현이다. 이 문장도 머릿속으로 상황을 그리듯이 생각해서 이해한다면, 나중에도 생각해서 말할 수 있다.

처음부터 네이티브 스피커와 말한다고 영어가 늘지 않는다

화장을 배울 때 처음부터 화장 전문가에게 배우지는 않는다. 나보다 화장을 잘하는 친구를 통해 기본적인 방법을 배우고, 내가 직접 하면서 요령을 터득한다. 인터넷에서 블로그나 동영상을 찾아보면서 점점 좋은 화장법을 배운다. 축구를 할 때도, 축구 선수와 축구 하면서 배우기보다는 동네 친구들과 소리를 질러가며 즐겁게 배울 뿐이다. 전문가가 되지 않은 이상, 즐길 뿐이다.

영어도 마찬가지다. 우리는 영어를 업무나 생활에 필요한 영어 말하기 능력을 갖고 싶을 뿐이다. 모두가 영어 전문가가 될 필요가 없다. 사실 영어 전문가의 기준도 불명확하다. 비즈니스 분야에서 영어 전문가라는 말을 들어 본 적이 있는가? 음악 분야에서 영어 전문가라는 말을 들어 본 적이 있는가? 없을 것이다. 단지 그 해당 분야에서 영어를 잘한다고 말할 뿐이다.

영어 말하기 실력을 갖추기 위해서는, 단지 나보다 영어를 조금 더 잘하는 사람들과 꾸준히 이야기를 하면서 실력을 키우는 것이 지름길이다. 스스로 느끼기에 조금이라도 배울 수 있는 사람과 영어를 말하면, 자신의 영어 실력이 조금씩 늘어가는 것을 느낄 수 있다. 그렇게 조금씩 시간이 지나면 영어 공부를 하지 않더라도 영어 말하기 실력이 늘어나서 모국어처럼 편하게 된다. 내가 직접 경험했다. 처음 오프라인 영어 카페를 열었을 때만 해도 영어로 기본적인 문장만 천천히 만들 수 있었을 뿐이었다. 나 역시 수강생과 마찬가지로 같은 고민을 하면서 실력을 키웠다. 그렇기에 어떤 수강생이 찾아와도 영어로 몇 마디만 나누면 지금 어느 단계에 있고 어떻게 하면 빠르게 영어 말하기 실력을 키울 수 있는지 정확히 알 수 있다. 정말 많은 사람들과 이야기를 했다.

1천 명과
영어로 말하다

99퍼센트의 사람들이 똑같은 이유로 말을 못한다

나와 1:1로 영어 수업을 하는 수강생들은 20대부터 80대까지 다양한 연령대의 사람들이다. 영어 수준도 초급부터 원어민 수준까지 각각 다르다. 하지만 수강생들의 공통점은 하나다.

"하고 싶은 말이 바로 생각 안 나요."

"영어 단어가 생각 안 나요."

"머릿속이 백지가 돼요."

영어로 말할 때 대부분의 한국 사람은 이런 고민에 빠진다. 하지만 영어를 잘하고 싶은 마음만 있으면 모두 잘할 수 있다. 영어를 편하게 생각하면 그때부터는 지금까지와는 전혀 다른 세상을 볼 수 있다. 나는 수많은 수강생들을 훈련시키면서 국내에서도 유창한 영어 말하기가 가능하다는 것을 체험했다.

우리가 영어 말하기를 못하는 이유는 영어 말하기를 한 적이 없기 때문이다. 학교와 학교 밖에서 영어 말하기 공부를 수없이 했다고 생각하지만, 실제로는 영어 말하기와 관련 없는 영역을 훈련한 것이다. 만약 영어를 언어로 생각(사용)할 수 있는 영역을 훈련한다면, 가장 효율적으로 영어 말하기 실력을 늘릴 수 있다. 언어는 밑줄 치고 외운 문장에서 나오는 것이 아니라, 영어라는 도구(수단)를 통해서 자신의 감정과 논리를 표현하는 것이다. 영어를 언어로 사용하게 되면 coffee라는 단어한 개로 수십 개의 문장과 이야기를 만들 수 있다. 단어는 한 개지만 파생되는 수많은 이야기를 생각하면서 말하는 능력을 갖출 수 있다. 다른 뉘앙스의 문장도 만들 수 있다. 또한 단어가 맞는지 문법적으로 옳은지 고민하는 것이 아니라, 영어다운 뉘앙스에 대해 생각하게 되면서 사고의 틀도 개방된다.

영어 문장을 만들기 전에 '한글'이 생각난다면 그것은 영어를 언어로(마치 한국어를 하듯) 사용하는 길이 아니다. made of을 '(~재료)로 만들어진', made in은 '(~장소)에서 만들어진', made by는 '(누군가) 만든'이라는 식으로 생각한다면, 얼른 이 사고방식에서 빠져나와야 한다. made of, made in, made by 등을 외워서 말하기보다는 각 상황에 맞게 자연스럽게 입에서 영어 문장이 튀어 나오게 하는 것이, 진정한 영어 말하기다. 누구나 그 사고방식에서 빠져나올 수 있다. 누구나 알고 있지만 실제 영어로 생각하려고 노력하지 않을 뿐이다.

나는 국내에서 1:1 영어 수업을 가장 많이 했다고 자부한다. 내가 운영하는 오프라인 영어 카페에서 수업을 받는 사람들은 내 하루 수업 일정을 보고 깜짝 놀라곤 한다. 어떤 날은 하루에 연속해서 10시간 수업을 한다. 이렇게 몇 년 동안 하다 보니, 어느 누가 카페에 와서 영어 고민을 상담해도 어느 시점에 어떤 부분이 부족하고 어떤 것을 보강해야 할지 확실히 알게 되었다.

사실 많은 사람들이 그토록 원하는 해결 방법은 정말 간단하다. 앞서 언급했듯이, 사칙연산의 논리만 알고 있으면 아무리 숫자(영어 단어)가 바뀌더라도 계산(영어 말하기)을 할 수 있다. 사칙연산을 활용하면 1×3÷2, 3+4-1 같은 기본적인 계산부터 (1×3÷2)+(3+4)×2 등의 조금은 복잡한 사칙연산도 머릿속으로 생각하면서 계산할 수 있다. 내 수업에서는 이렇게 기본 원리를 바탕으로 문장 만드는 훈련을 한다.

사칙연산을 머릿속으로 계산하는 능력은 사람에 따라 속도도 다르고 한계도 있다. 하지만 언어의 영역은 다르다. 자신의 생각을 표현하는 능력은 언어의 영역은 감정의 영역이며 심리의 영역이다. 내가 특별한 것이 아니라, 우리 모두에게 해당하는 것이다. 나는 기본적으로 영어를 심리와 음악의 영역으로 구분해서 영어 말하기 실력을 키웠다. 그 누구도 가르쳐 주지 않았지만, '영어 심리'와 '영어 음악'이라는 키워드를 발굴했다. 나 스스로를 믿었다. 남들이 가지 않는 길을 홀로 가는 두려움보다는, 남들이 가는 길을 똑같이 따라가다가 결국 실패해서 후회할까 봐 더 두려웠기 때문이다.

소말리아 해적도 영어 한다

지식의 많고 적음이 영어 말하기의 기준이 절대 아니다. 오늘도 영어 말하기 '공부'를 하고 있다면, 잠시 멈추고 생각하기 바란다. 지금 공부한 내용을 바로 영어로 말할 수 있는지, 그리고 그 공부가 정말 내게 필요한 영어인지 곰곰이 생각해 보자. 소말리아 해적이 영어를 할 수 있는 이유는 단 한 가지다. 자기들이 필요한 것을 얻기 위해 영어를 활용할 뿐이다. 우리에게 필요한 것이 바로 그 능력이다.

이제는 효율성을 따져야 한다. 바로 쓸 수 있는 영어, 필요한 영어를 써야 한다. 아무리 멋진 영어 문장도 오늘 당장 써먹지 못한다면 의미가 없다. 머릿속에 계속 기억하고 보관만 한다면, 머릿속에서 언어의 영역이 아니라 시험용 영역을 사용하고 있을 뿐이다.

영어로 말하면서 시행착오를 겪어야 한다

학교를 졸업하고 사회에 나왔을 때 가장 많이 어려워하는 점은, 어떻게 살아야 할지 어떤 것을 해야 할지 전혀 갈피를 잡을 수 없다는 점이다. 사회 생활에는 정해진 길도 없고 변수도 많다. 영어도 마찬가지다. 수많은 학습법이 있고 명강사가 있지만 내게 맞는지도 알 수 없고 수많은 학습법 중에서 어떤 것을 선택해야 할지도 알 수 없다. 이 상황은 누구나 다 마찬가지다. 혼자만의 문제가 아니니 너무 자책하지 않아도 괜찮다. 지금의 정답이 미래에는 정답이 아닐 수도 있기 때문이다. 프로게이머나 유튜버 등은 과거에는 존재하지조차 않았던 직업이지만 지금은 최고의 직업군이다. 많은 사람들이 이들을 부러워하는 이유는 돈을 많이 벌 수 있다는 것도 있지만, 자기가 하고 싶은 일을 하면서 살고 있기 때문이다.

영어도 한번쯤은 이렇게 해보는 게 어떨까? 남이 정해준 답이 아니라 나 스스로 답을 만들면서 발전해 가는 것이다. 그러기 위해서는 순간순간 즐기면서 재미있게 해야 한다. 영어 말하기 연습도 "와! 이렇게 하면 재미있네" "이렇게 말하면 되는구나!"라고, 매 순간 재미를 느끼다 보면 스스로 놀랄 만큼 실력이 향상된다. 머리 싸매고 공부한다는 느낌보다는 자기 주도적으로 알아가면서 영어로 말하면 된다. 영어 말하기를 잘하기 위한 기본 원리는 정말 간단하다. 원리는 1시간 정도만 이해하고, 나머지는 전부 다른 사람이랑 재미있게 연습하면 된다. 영어 말하기 문장구조를 이해하는데 1시간(기본회화가 가능한 사람들은 30분 이내)만 투자해도 하고 싶은 모든 말을 만들 수 있다.

내 생각을 영어 음성으로 전환하라

요리 잘하는 방법은? 골프 잘 치는 방법은? 운동을 통한 건강관리 비결은? 이 질문들에 대한 해답은 누구나 알고 있다. 전부 연습하면 된다. 레시피를 많이 알아도, 골프 용어와 규칙을 많이 알아도, 내 몸에 맞는 운동을 아주 완벽히 알고 있어도 직접 해보지 않으면 의미가 없다. 요리를 해봐야 자신의 입맛에 맞는 맛을 찾을 수 있고, 필드에 나가봐야 골프 동작에서 개선할 점을 찾을 수 있다. 요가나 필라테스도 직접 해봐야 어떤 자세를 더 많이 해야 몸이 좋아지는지 알 수 있다. 그런데 우리는 영어로 말해야 할 때 관람만 하고 있다. 눈으로 볼 뿐 직접 참여하지 않는다. 그래서 못한다. 영어를 공부해서 훈련시키는 영역과 영어를 사용하는 영역은 다르다. 머릿속에서 100을 집어넣는다고 100은커녕 반의 반도 나오지 않는다.

영어 말하기를 잘하는 방법은 순서상 크게 두 단계로 나뉜다. 먼저 '영어로 말하고 싶은 내용' + '곧바로' + '생각하기'를 한다. 그 후에 '내 생각'이 '영어 음성'으로 전환되어 나오는 과정이 필요하다. 그다음에 '유창하게 말하기'가 가능해진다. 내 생각이 영어 음성으로 전화되어 나오는 과정을 지속적으로 훈련해야 자신이 원하는 말하기 실력을 키울 수 있다. 그런데 많은 사람들이 흔히 저지르는 실수가 있다. 그것은 '내 생각'을 사용하기보다는 내 일상과 상관 없는 '남의 생각'을 머리에 주입하려는 노력을 한다는 것이다. 영어 문법 책, 영어회화 책, 어학 시험 자료 등을 활용하여, 내 감정을 표현하기보다는 남의 감정을 굳이 이해해서 머릿속에 강제적으로 공감시키는 데 시간을 낭비한다. 먼저 자신이 하고 싶은 말을 해야 한다. 나는 그 훈련 방법을 개발했다. 일정한 규칙에 따라 이 방법을 연습하면 된다. 돈이 드는 것도 아니고 시간과 장소에 상관없이 언제든지 연습할 수 있다.

유창하게 말하는 것은 독자들이 생각하는 것보다 단순하고 쉽다. 단순 반복과 약간의 연기력만 있으면 가능하다. 영어 목소리를 만들고 인토네이션을 넣어 빠르게 말하는 능력을 개발한 상태에서만 실제 말하기에서 응용할 수 있다. 그렇지 않으면 영어 원서나 영화 대사를 따라 할 때는 원어민처럼 유창하게 할 수 있지만, 정작 실제 회화에서는 말이 안 나오고 발음도 하나도 안 되는 기현상이 발생한다. 컴퓨터에 비유하자면, 하드웨어가 아무리 좋아도 소프트웨어가 나쁘면 컴퓨터가 성능을 발휘하지 못하는 것과 같다.

영어 공부가 아니라 영어 심리를 코치했다

수강생들은 내 앞에서는 영어로 말하는 게 편하다고 한다. 영어로 하고 싶은 말을 할 수 있도록 이끄는 능력 때문이기도 하다. 여기서 핵심은 '심리'다. 나는 영어를 언어로 익히기 위해 수강생에게 영어 심리를 바꾸는 방법을 코치했다. 적어도 나와 수업할 때는 영어로 말하면서 눈치를 보지 않는다.

나는 수강생의 마음을 편하게 만든 후에 본격적으로 부족한 부분을 훈련시킨다. 언어는 상대적이므로 항상 서로 가르치고 배운다는 자세로 영어 말하기 수업을 진행한다. 가르치는 사람도 배우는 사람도 서로 주고받아야 "서로의 생각을 언어로 교환한다"는 언어의 사용 목적을 이해할 수 있다. 점수를 위해서가 아니라, 영어를 언어처럼 익힐 수 있는 요령이다.

영어 단어나 문장이 바로 떠오르지 않는 것은 순발력의 문제다. 시간이 많이 주어져도 생각나지 않다가 관련 영어 문장을 들을 때 생각나는 경우가 많다. "아, 맞다" "아! 그걸 왜 몰랐지!"라는 반응이 나온다면 들어 보면 알 수 있는 영역, 즉 굳이 공부하지 않아도 이미 알고 있는 부분만 활용해도 영어 말하기 실력을 충분히 키울 수 있다. 원래 등잔 밑이 어둡다. 어렵게 생각하지 않아도 된다. 앞서 말했듯이 우리가 영어 말하기에서 필요한 것은 사칙연산 수준으로 머릿속에서 계산할 수 있는 범위까지다.

산수로 치면 암산하듯이, 운동으로 치면 이미지 트레이닝하듯이, 오늘 어떤 옷을 입고 어떤 화장을 할지 생각하는 능력이 있으면 모두 가능하다. 다만 영어 문장을 못 만드는 것은 연습을 하지 않았기 때문이다. 남의 문장을 달달 외우고 남의 생각을 반복해서 말하는 것은 전혀 다른 뇌 기능(기록)을 사용하는 것이다. 자신의 '기록' 영역을 사용해야 한다.

또한 영어 문장을 레고 블록 조립하듯 연결할 수 있다. 3장에서 제시하는 3가지 구조(Stage)만 잘 활용하면, 암기 없이 영어 문장을 만들 수 있다. 이 3가지 구조는 영어 문장을 머릿속으로 만들 때 첫째 줄, 둘째 줄, 셋째 줄을 동시에 생각하면서 영작하는 훈련이다. 입체적으로 영어 문장을 만드는 훈련으로, 처음에는 낯설지 모르지만 몇 번 연습하면 쉽게 이해할 수 있다. 각각의 구조를 조합하는 훈련을 하면, 영어 문장을 우리말처럼 술술 나오게 할 수 있다.

배우지 마라, 그냥 말하라

영어 말하기를 잘하기 위해서는 생각 자체를 바꿔야 한다. 자신의 영어 말하기 수요를 끌어 올리는 것이다. 방법을 배우려고 하기(영어 말하기 지식 '공급')보다는, 어디에 사용해야 할까(영어 말하기 '수요')를 먼저 고민해야 한다. 아무리 유명한 가수라고 해도 팬이 있고 노래를 들어 주는 사람이 있어야 그 가치를 인정받는다.

영어를 공부하러 이리저리 쫓아다니기보다는 내 영어를 사용할 사람이나 장소를 찾는 데 공을 들여야 한다. 안타깝게도 우리나라에서는 가르쳐 준다는 사람과 배우려는 사람은 많지만, 정작 영어 말하기를 할 사용처는 없다. 이런 상황에서 누가 영어를 편하게 말할 수 있겠는가? 요리 실력이 뛰어나 맛있는 음식을 만들었을 때 누군가 그 음식을 감탄하며 먹어야 요리를 계속 하게 된다. 영어를 사용할 이유도 없고 써먹을 환경도 없다면 수십 년 연습해도 활용할 수 없다. 현재 실력을 기준으로 영어를 사용할 장소와 사람을 찾아야 한다. 영어로 말을 하면서 실력을 늘리는 방법을 연습하면 된다. 이 방법이 가장 쉽고 효과적이다. 음악 이론만 잔뜩 공부한다고 악기 연주 실력이 느는 것이 아니다. 직접 연습하고 공연을 하면서 실력을 늘려야 성장한다.

먼저 시작하는 사람이 되자

우리나라에서는 항상 첫 번째가 힘든 것 같다. 능력이 아니라 순서를 말하는 것이다. 능력으로는 첫 번째가 될 수 있는 사람은 많지만, 순서로는 대부분 첫 번째가 아니다. 마지막도 마찬가지다. 능력의 마지막이 아니라, 순서의 마지막이다. 전부 다 중간에 있으려고 한다. 남들 하는 대로 적당히 튀지 않을 정도로.

구청에 예비군 훈련을 갔을 때 일이다. 사회자가 구청장에게 건의하고 싶은 의견이 있으면 자유롭게 말해 달라고 요청했다. 다들 예상할 수 있듯이 몇 초간 침묵이 흘렀다. 사회자는 재차 요청했다. 또 다시 몇 초간 침묵이 흘렀다. 그때 내가 자리에서 일어나 건의를 했다. 골목길에서 도로로 접하는 위치한 길목에 큰 거울이 있으면 도보로 이동하는 사람을 잘 볼 수 있어서 위급 상황에 미리 대비할 수 있을 것 같다고 건의했다. 내가 처음으로 말하고 구청장에게 답변을 듣자마자 여기저기 손을 들고 질문을 하거나 건의를 하려는 사람들이 생겼다. 아마 하고 싶은 말을 많았겠지만, 처음 주자로 나서는 것이 두려웠을 것이다.

영어도 마찬가지다. 영어를 잘 못하더라도 나처럼 자신 있게 말하는 사람이 나오면 어느 순간 갑자기 영어를 자신 있게 말하려는 사람이 순식간에 많아질 것이다. 그동안 영어로 말하고 싶은데 마음 속에만 품고 있었던 사람들이 벌떼처럼 많아질 것이다. 나는 영어를 사용하는 한국 사람의 수를 늘리고 싶다. 주변에 영어로 말하려는 사람이나 말할 수 있는 사람이 많아지면 우리가 그동안 영어 공부를 더 이상 하지 않더라도 영어로 말하는 것이 즐거워지고 자신감이 생길 것이다. 많이 부족하지만, 내가 영어에 도전하는 이유다. 영어로 말할 수 있는 친구가 필요하다. 나이, 학력, 직업, 소득과 관계없이 영어로 이야기할 수 있는 친구를 만들고 싶다.

2장

중학교 때 배운 단어로, 자신만의 영어 말하기를 시작하라

- How to Start Speaking English -

영어 말하기,
어떻게 시작해야 할까

전 세계에서 (시험용·일지라도) 영어 공부를 가장 많이 하는 국가는 당연히 한국이 아닐까 싶다. 취업 및 승진을 위해 치러야 하는 영어 시험은 왜 이렇게 많은지 모르겠다. 어학 시험 점수가 높다고 해도 영어 면접과 영어 프레젠테이션은 별도로 준비해야 한다.

영어는 특별한 언어가 아니다. 수많은 언어 중 하나일 뿐이다. 그리고 자신이 좀 더 경쟁력을 갖추려면, 영어 점수가 아니라 실제 활용 가능한 영어 실력을 키워야 한다. 답답하지 않게, 자신의 감정과 지식을 편하게 영어로 말하려면 어떻게 해야 하는 것일까?

영어 스트레스부터 없애자

누군가 "스페인어 할 줄 아세요?"라고 물을 때, 모른다면 "스페인어 할 줄 몰라요"라고 아무렇지 않게 말한다. 중국어도 마찬가지다. 중국어를 아느냐는 질문을 받았을 때 모르면 편하게 모른다고 한다. 그 이유는 중국이나 스페인어를 모른다고 해서 내 자신이 딱히 잘못하거나 부족하다는 느낌이 들지 않기 때문이다. 그런데 영어는 그렇지 않다. 우리 대부분은 영어를 못하는 것에 대한 죄의식이 심하다. 영어만 나오면 당황하고 답답하고, 또 그런 모습이 반복되다 보니 울분이 쌓인다. 그 탓에 죽어라 영어를 공부하지만 얼마 못 가서 포기한다. 만약에 영어를 중국이나 스페인어처럼 당당하게 모른다고 말할 수 있으면, 일단 영어를 잘할 수 있는 마음가짐과 기본 자세를 갖춘 것이다.

영어로 인한 스트레스를 받지 않으려면 첫째, 자신이 가장 잘 알고 있는 분야에 관한 영어 말하기를 연습한다. 둘째, 잘 알고 싶은 분야에 관한 영어 말하기를 연습한다. 여행을 좋아한다면 여행에 필요한 회화를 자주 연습한다. 이때 연습이란 암기를 말하는 것이 아니다. 암기는 절대 하지 마라. 시간이 조금 걸리더라도 스스로 생각하면서 말해야 한다. 처음에는 생각하면서 말하는 게 느릴지라도, 충분한 숙달되면 빠르게 영어로 말할 수 있고 상대방의 질문에 답변도 할 수 있다.

여행 영어에는 공항, 호텔 등 다양하게 쓸 수 있는 표현이 많다. 가장 쉽게 생각하면서 영어를 말할 수 있는 훈련은 기본적인 영어 문장구조를 유지한 채 단어를 바꾸면서 말하는 것이다. 호텔 객실을 예약할 때 "I'd like a quiet room.(조용한 방이 좋겠어요.)"라고 하는데, 모닝콜을 부탁할 때도 같은 문장구조를 이용해서 말할 수 있다. quiet room 대신 wake-up call이라고 'I'd like ~' 뒤에 나오는 단어만 변경하면 된다.

I'd like a **quiet room**.

↓

I'd like a **wake-up call**.

대부분 자신이 하는 말이 맞는지 틀리는지 몰라서 문장 만들기를 꺼려 하지만, 영어 말하기 실력을 키울 때는 그런 걱정은 나중에 하자. 자신이 하는 영어로 외국인과 원활한 커뮤니케이션이 되고 영어 스타일을 바꾸고 싶을 때 고민하면 된다.

영어 스트레스를 덜기 위해 좀 과장해서 설명해 보겠다. 영어 말하기 실력을 점수로 표현할 때 하나도 말을 못하는 사람의 점수를 0점, 원어민의 점수를 100점이라고 해보자. 점수가 50점 이하라면, 영어 수준은 다 똑같다고 생각한다. 50점 이하일 때는, 누가 더 맞고 틀리기를 따지기보다는 일단 영어로 말을 빠르게 꺼내는 것이 영어 말하기 실력을 늘리기 위해 훨씬 중요하다.

우리는 원어민 수준을 목표로 하는 것이 아니다. 물론 영어로 하고 싶은 말을 아주 잘하는 수준인 99점을 받기 위해 열심히 노력할 수는 있다. 하지만 일단 입부터 뗄 수 있어야 스트레스를 떨치고 계속 공부할 수 있다. 영어 말하기는 일정 점수만 넘으면 통과하는 운전면허 필기시험처럼 Pass/Fail이 결정되는 자격시험에 가깝다고 생각하자. 게

다가 이제까지 학교 교육과정과, 학원, 인터넷 강의 등을 통해서 여러 번 영어 말하기를 시도해 왔다. 완전 바닥에서 시작하는 것이 아니라는 뜻이다.

영어로 말할 수 있는 사람을 목표로 하자

한국어 교사가 되어야 한국어를 잘하는 것인가? 그렇지 않다. 그런데 왜 우리는 전부 영어 교사가 되기 위해 노력할까? 영문법과 영어 이론을 알더라도 영어 말하기 실력과는 상관없다는 것을 잘 알고 있다. 영어로 하고 싶은 말만 할 줄 알면 된다. 늘 영어 실력이 늘 제자리걸음을 한다면, 한번쯤은 다르게 생각해 보자.

영어 공부의 목표를 영어로 말할 수 있는 사람으로 잡자. 사람마다 기준은 다르겠지만, 짧은 문장을 바로 바로 말할 수 있게 훈련해야 한다. 그 문장을 외워서 하는 것이 아니라 말을 많이 해서 숙달됐다는 느낌이 들어야 한다.

"How are you?"라는 질문에 "I'm good."이라고 대답하거나, 상대방이 "Good morning!"이라고 한다면 되받아 똑같이 "Good morning!"이라고 인사하는 것부터, "Did you have a reservation?(예약했어요?)"라는 질문에 "Yes, I have a reservation.(예, 예약했어요.)"라는 대답처럼, 간단한 질문에 빠르게 대답하는 훈련을 해야 한다.

비즈니스 영어도 다를 것은 없다. 자세히 길게 설명해야 할 때도 있지만, 기본적인 영어 순발력으로 빠르게 말하는 것이 중요하다. "There's no big change in the economy. Clearly, the change is the election and the politics.(경제에서는 큰 변화가 없다. 명확하게, 그 변화는 선거와 정치다.)" 어려운 단어는 없지만, 이 두 문장을 처음 읽어 보면 왠지 economy와 election, politics 때문에 어렵게 느껴진다. 그러나 사실 이 두 문장은 "There is ooo."와 "A(the change) is B."라는 아주 쉬운 문장구조로 되어 있다. 이 표현들을 생각하면서 스스로 문장을 만드는 훈련을 하면 된다.

바보야, 문제는 단어가 아니야!

눈으로 보면 알지만 말을 못하는 것, 영어 말하기에서 가장 큰 문제 중 하나다. 눈은 알아도 입은 전혀 모르쇠, 귀로는 들려도 입은 침묵하는 게 현실이다. 그렇다면 입으로 말할 수 있는 영어 단어는 과연 몇 개나 될까? 머릿속에 들어 있는 영어 단어 중 실제로 사용하는 영어 단어는 0.1퍼센트도 안 된다. 아는 단어로도 말을 못하면서 어려운 영어 단어를 외울 필요가 있을까? 그 0.1퍼센트만 잘 활용해도 우리는 영어 단어를 공부하지 않아도 하고 싶은 말을 편하게 말할 수 있다.

예를 들어 친구와 함께 여행 계획을 이야기한다고 해보자.

A: Where should we take a vacation this year?

올해 휴가는 어디로 갈까?

B: **I want to go** somewhere warm.

어디든 따뜻한 곳으로 가고 싶어.

이 대화에서 모르는 단어가 있는가. 중학교 때 이미 다 배웠던 단어들이다. 이렇게 쉬운 단어로도 충분히 문장을 만들 수 있다. 다만 생각만큼 영어 문장이 잘 만들어지지 않고, 말이 바로 안 나올 수도 있다. 그래서 영어를 암기하지 말고 공부하지 말라는 것이기도 하다. "I want to go to Hawaii.(나는 하와이에 가고 싶어.)"처럼 'I want to go'를 활용해서 여행 가고 싶은 곳을 말할 수 있다. 이처럼, 동사나 명사 하나씩 바꿔 가면서 영어 문장을 만들 수 있어야 한다.

또는 단어를 다 알더라도 시제 표현에 서툰 경우가 많다. 다음의 대화를 살펴보자.

A: Kevin, **has** the client **sent** us her insurance claim.
케빈, 그 고객이 우리에게 보험청구서 보냈어요?

B: No, not yet. 아니요, 아직 안 보냈어요.

이 경우에도 방법은 같다. 현재완료 has sent를 그대로 쓰되, 다른 단어를 바꿔 가면서 머릿속으로 이미지 트레이닝과 함께 혼잣말로 연습하는 훈련을 하면 단어를 연상하는 힘이 길러진다. 절대 노트에 쓰면 안 된다. 무조건 머리로만 생각해야 한다. 비록 모르는 단어를 써야 하는 상황이 오더라도, 모르는 단어 대신 다른 쉬운 단어로 말할 수 있는 능력이 생긴다.

일반적으로 처음에는 명사를 바꿔서 여러 문장을 만들어 연습하고, 그게 익숙해지면 다음 단계로는 그 동사를 바꿔서 여러 문장을 만들면서 연습하면 된다. 결국 단어를 많이 아는 것이 해법이 아님을 알게 될 것이다. 그보다는 얼마나 빠르게 필요한 단어를 머릿속에서 찾아내서 영어 문장구조에 집어 넣는지가 핵심이다.

잘 아는, 쉬운 단어로 말하라

자신이 잘 아는 단어로만 최대한 말을 해야 한다. 만일 단어를 모른다면 아는 단어 중에서 최대한 비슷한 단어로 바꿔서 표현해야 한다. 그리고 무엇보다도 쉬운 단어를 사용해야 한다. 어렵거나 좀 더 고급스럽게 어휘를 써야 하는 경우도 있지만, 영작할 때 더 해당된다. 말의 목적은 자신의 의사를 빠르게 전달하는 것이다.

영어 단어를 선택할 때는 '좋다/나쁘다'라는 뜻의 단어를 쓰는 게 좋다. 예를 들어 good과 bad만 잘 활용해도 다양한 의미를 전할 수 있다. "This is a marvelous musical.(정말 멋진 뮤지컬이야.)"라는 문장에서 marvelous라는 단어를 몰라도 good과 유사한 단어로 대체하면 된다. 의미의 강도에서는 차이가 있지만 good, great, excellent 등으로 표현해도 의미를 충분히 전할 수 있다. "My English is atrocious.(내 영어는 형편없어.)"도 마찬가지다.

This is a <u>marvelous</u> musical.

→ This is a **good** musical.

→ This is a **great** musical.

→ This is an **excellent** musical.

My English is <u>atrocious</u>.

→ My English is **bad**.

→ My English is **poor**.

→ My English is **not good**.

세부적으로 따지면 각각의 단어가 주는 뉘앙스는 분명히 조금씩 다르다. 하지만 중요한 것은 영어 말하기에서 단어는 숫자처럼 정확하게 정해진 것이 아니라는 것이다. 그보다는 그림처럼 이미지 느낌이 강하다. 여러 사람에게 나무를 그리라고 하면 전부 조금씩 다른 모양의 나무를 그린다. 그래도 그 그림들을 보면서 나무임을 알 수 있다. 영어로 말할 때도 기계적으로 1개의 문장이 1개의 상황에만 적용된다는 생각을 버려야 한다. 왜 전부 똑같은 표현만 외우고 말하려고 하는가? 영어만큼은 그런 생각을 내려놓자.

영어로 대화하다가 단어가 생각나지 않을 때가 있다. 그 경우에는 굳이 그 단어를 떠올리기 위해 애쓰기보다는 쉽고 편한 단어로 말하면 된다.

Some investors <u>predict</u> an <u>imminent</u> recession.

몇몇 투자자는 경제불황이 임박한 것으로 예측했다.

↓

Some investors **say** we'll have a recession **soon**.

몇몇 투자자는 경제불황이 곧 올 것이라고 말한다.

한국어 느낌은 비슷하지만 영어 단어의 느낌은 차이가 많이 난다. 기본적으로 영어를 제2외국어로 쓰는 영어 사용자는 쉽고 편한 단어를 많이 써야 한다. 일반적으로 누구나 공감하고 직관적인 영어 단어를 사용하는 사람이 영어를 훨씬 더 잘한다고 생각한다. 외국인뿐만 아니라 오랫동안 영어를 가르치고 배운 대다수 전문가들의 의견이다.

영어를 머릿속으로 그리는
힘을 기르자

종이와 펜을 치워라

수업을 할 때 종이와 펜 없이 수업을 하자고 하면 당황하는 수강생들이 많다. 영어는 언제나 쓰고 외우고 반복해야 한다고 생각하기 때문이다. 하지만 영어 말하기 연습을 할 때, 모든 기록은 머릿속에만 남겨야 한다. 비록 다 잊는다고 하더라도, 머릿속에서 생성되고 소멸되어야 한다. 그것이 언어로서의 영어라고 말할 수 있다.

일본어나 중국어, 스페인어 등 영어 이외의 언어를 배우는 사람들은 말하기 영역에서만큼은 그 언어의 발음과 인토네이션을 최대한 따라 하려고 노력하고, 상대와 대화하는 연습을 많이 한다. 실제 몇 달 이상 배운 사람들이 말하는 일본어, 중국어, 스페인어 등을 들으면 그 언어 특유의 리듬감(?)이 느껴진다. 글로 쓰고 외우면서 배운 게 아니라, 말을 하면서 연습했기 때문이다. 단 몇 주만 해도 회화가 가능한 사람도 많다. 외국어를 언어로 인식하고 있기에 가능하다. 반면에 영어는 공부로 인식하기 때문에 10년을 하든 30년을 하든(수강생 중에는 70대 후반까지도 있었다), 영어로 한마디 편하게 하지 못하는 사람들이 많다.

이제 어떻게 할 것인가? 계속 영어를 공부할 것인가? 영어를 언어로 익히는 방법을 연습할 것인가? 독자들에게 묻고 싶다. 지금 당장은 불안하겠지만, 확실한 길로 가는 것이 좋지 않을까? 지금 이 순간에도 망설이고 있다면 이 책을 끝까지 읽으면서 할 수 있다는 희망을 느끼길 바란다. 영어 공부를 10년이나 했는데도, 몇 주 다른 언어를 배운 사람보다 말을 못하는 슬픈 일은 더는 생기지 않길 바란다.

머리 밖에 있는 영어는 이미 내 것이 아니다

나와 상관 없는 사람이 하는 말을 배우고 익히기보다는 나를 중심으로 영어 말하기의 주제를 정하는 것이 가장 좋다. 영어 말하기를 이제 막 시작하는 단계의 사람에게 특히 해당되는 말이다. 평생 만나본 적도 없고 외국에서도 경험하기 힘든 극단적인 상황을 가정한 해외 드라마나 영화로 영어를 말하기보다는 지금 나와 가장 관련 있는 주제로 연습해야 한다.

먼저 I로 시작하는 영어 문장을 계속 만드는 훈련을 해야 한다. 단순한 문장이라도 좋다. 단순한 문장이라도 편하게 만들 수 있으면 다행이다. 우리가 눈으로 보고 외우는 공부는 능력치가 99인 반면에, 머릿속으로 생각해서 입으로 말하는 능력치는 10 이하라고 생각한다. 유치원 영어 교재에 나오는 쉬운 문장도 눈으로는 다 알아도, 스스로 비슷한 문장을 만들려고 하면 오랫동안 생각을 하는 사람이 많다. 기본적으로 회화가 가능한 사람은 금방 만들 수 있지만, 감정을 담아서 인토네이션을 넣는 것은 쉽지 않다. 텍스트에서 오는 한계 때문이다.

외부에서 내용을 가져 오려고 하지 말고 내부에서 찾아서 영어 문장을 만들자. 이제까지 나와 수업한 많은 수강생들이 자신의 이야기를 자신의 생각을 영어로 말하고 싶어 했다. 그런데 노력은 남의 영어를 빌려서 하려고만 한다. 그러니 30년을 해도 영어로 의사표현을 하는 게 편하지 않다.

영어를 머릿속에서 생성하자

이미지 트레이닝, 머릿속으로 퍼즐 맞추는 훈련, 머릿속으로 암산하는 훈련, 머릿속 상상의 나래를 펼치는 일련의 모든 과정이 해당한다. '생각만으로 기분이 좋다'라는 말이 있다. 공간, 시간의 제약도 없는 이 능력을 영어 문장 만드는 데 활용한다면 가장 효율적으로 영어 말하기 실력을 늘릴 수 있다.

예를 들어 해외여행 기억을 떠올리면서, 어떤 질문을 할지 영어로 문장을 만들어 보자. 머릿속이 하얘져서 아무 기억이 안 나는 사람들은 여행 가서 찍었던 사진을 보면서 장면을 회상해도 된다. 도저히 문장이 만들어지지 않는 사람들은 최소한 머릿속으로 단어라도 나열해야 한다. 문장을 만든 사람들은 끊임없이 그 상황과 관련된 문장을 계속해서 만들어 한 편의 이야기를 완성해야 한다.

이때 문장의 완성도는 중요하지 않다. 상황에 맞는 영어 단어를 최대한 빠르게 생성하는 데 훈련의 초점을 맞춰야 한다. 신속성과 정확성 중 영어 말하기에서 가장 중요한 훈련은 신속성이다. 제2외국어로 영어를 배워서, 영어를 잘하는 사람 중에는 말이 느린 사람이 거의 없다. 평소에 말하는 속도가 느린 사람이라 할지라도 대화할 때는 상대방의 질문과 의도에 빠르게 반응해서 대화를 이어간다. 바로 이 훈련을 하는 것이다.

영어 문장을 머릿속으로 하는 훈련은 입으로 하는 훈련과 같이 해야 한다. 사실 위에서 제시한 방법은 어지간해서는 따라 하기 쉽지 않다. 영어 문장을 만드는 그 순간에도 수만 개의 잡생각이 스쳐 지나가기 때문이다. 머릿속이 텅 비는 것 같을 뿐만 아니라 어떤 단어를 써야 할지 한참 고민하면서 힘겹게 문장을 만들어야 하기 때문에, 거의 대부분의 사람들이 포기하고 자신의 머리가 아닌 외부에서 영어 문장을 외워서 말하려고 한다. 하지만 단 한 번의 시도로 원하는 실력을 가질 수는 없다. 춤과 노래, 화장도 수없이 시도하면서 조금씩 실력이 발전하면서 잘하게 되는 것이다. 그런데 우리는 영어 문장을 머릿속으로 만들려는 시도를 과연 몇 번이나 해봤을까? 또 얼마나 오래 해봤을까? 아무도 그렇게 시도하지 않았다. 만약 시도해 본다면 어떨까? 몇 번이고 시도해 보자. 이 방법에는 실패가 없다. 영어로 하고 싶은 말을 하기 위해 조금 빠르거나 느릴 뿐이다.

짧은 관용어 하나만으로도 이야깃거리는 충분하다

우리가 외워서 알고 있는 숙어, 영어 속담 등 짧은 문장 하나만 있으면 영어로 말을 시작할 수 있다. 예를 들어 'miss the boat(보트를 잃어버리다)'는 기회를 놓쳤을 때 쓰는 표현인데, 이 관용어를 활용하여 5단계 과정으로 영어를 머릿속으로 생각하는 능력을 키워 보자.

1단계에서는 스스로 예문을 만든다. "He doesn't want to miss the boat.(그는 기회를 놓치고 싶어 하지 않는다.)" "I won't miss the boat.(나는 기회를 놓치지 않을 거야.)" 등 머릿속으로만 생각해서 문장을 만드는 훈련을 한다.

2단계에서는 자신의 실제 경험에서 비슷한 사례를 생각해서 말한다. 이 관용어와 유사한 경험이 있는지, 있다면 왜 그런지, 어떻게 극복했는지 스스로 말하는 과정, 즉 끊임없이 영어로 생각할 수 있는 과정이 필요하다. 이때 문장이 아니라 단어만 나열하더라도, 본인 생각에 바보 같은 영어 문장일지라도 괜찮다. 이런 과정을 겪으면서 영어로 말하는 것 자체가 편해지기 때문이다.

3단계에서는 2단계의 단문장들을 모아서 하나의 이야기를 만드는 훈련을 한다. 이야기를 만들면서 흐름에 맞지 않는 문장을 보완하며 말해야 한다. 숙달되지 않으면 가장 머리가 아프고 힘든 순간이다. 대략 5문장 전후로 이야기를 만들면 좋다.

4단계에서는 3단계에서 말한 내용을 다시 한번 생각하면서 빠르게 말해야 한다. 신기하게도 많은 수강생들이 분명히 앞서 말했던 내용인데도 같은 문장이 아니라 조금 다른 문장을 만든다. 4단계에서 다시 말할 때는 정확히 같은 문장을 반복하지 않는 자신을 발견하게 될 것이다. 이것은 영어를 언어로 생각해서 사용하는 자연스러운 과정이다.

　5단계에서는 4단계의 문장들에 인토네이션을 적용해야 한다. 한국어로 말할 때와 영어로 말할 때의 목소리는 달라야 한다. '영어 목소리'로 인토네이션을 적용하는 연습을 통해, 영어로 말하는 두려움이 전부 사라지고, 영어로 말하는 시간이 즐거워질 것이다(영어 목소리 훈련은 4장에 소개된다).

1. I'm happy. 나는 행복하다.

2. I'm not sure. 나는 확실하지 않다.

3. I'm a singer. 나는 가수다.

4. I'm allergic to banana. 나는 바나나 알레르기가 있다.

5. I'm interested in music. 나는 음악에 관심이 있다.

6. I speak English. 나는 영어로 말한다.

7. I like coffee. 나는 커피를 좋아한다.

8. I think we can speak English. 나는 우리가 영어로 말할 수 있다고 생각한다.

9. I think we will speak English. 나는 우리가 영어로 말할 수 있을 거라고 생각한다.

10. I want to speak English. 나는 영어로 말하고 싶다.

11. I would like to speak English. 나는 영어로 말하고 싶다.

12. I can speak English. 나는 영어로 말할 수 있다.

13. I don't have a watch. 나는 시계가 없다.

14. I do understand. 나는 이해한다.

15. I don't need to drink coffee. 나는 커피를 마실 필요가 없다.

16. I'm not sure if you are happy. 나는 네가 행복한지 확신이 서지 않는다.

17. I have been studying English. 나는 영어를 공부해 왔다.

18. I have to tell you there is an English café.

    나는 네게 저기 영어 카페가 한 곳 있다고 말해줘야겠다.

19. I will speak English. 나는 영어로 말할 것이다.

20. I will get back to you. 나는 네게 돌아올 것이다.

21. I'm going to drink coffee. 나는 커피를 마실 것이다.

22. I would say he is one of my closest friends.

나는 그가 내 가장 친한 친구들 중 하나라고 말할 수 있다.

23. I have never tried to speak English.

나는 영어로 말을 시도해 본 적이 없다.

24. I will tell you the secret. 네게 비밀을 말해 줄게.

25. I will give you the details later on. 나중에 네게 자세히 알려 줄게.

to + -ing

26. I'm looking forward to going to London next month.

나는 다음달에 런던에 가는 것을 고대하고 있다.

verb + to

27. I want to speak English. 나는 영어로 말하고 싶다.

28. I wanted to speak English. 나는 영어로 말하고 싶었다.

29. I suppose you want to know the fact.

(예상) 나는 네가 사실을 알고 싶어 할 거라고 생각해.

30. I'm supposed to be here by 8 a.m.

(의무에 가까운 의미) 나는 오전 8시까지 여기 와야 해.

영어 뇌 근육을
키우자

100퍼센트 자신만의 영어 말하기를 시작하라

영어로 말할 때 암기한 문장과 문법적인 틀에 갇히지 않고 영어로 말한 시간은 대체 얼마나 될까? 죽어라 영어 단어와 문장을 외워서 지식의 영역에서 영어 말하기를 하는 것은, 마치 수학공식을 외워서 답만 도출하는 시험용 지식을 만드는 것 같다. 지금과 같은 영어 공부는 필요 없다. 순서가 잘못되었다. 영어로 내 생각을 편하게 말할 수 있는 단계가 우선이다. 내 생각을 편하게 말할 수 있으려면 어떻게 해야 하는가?

1. 내가 가장 잘 아는 단어로만 영어 문장을 생각하자.
2. 빠르게 영어 문장을 생각하고 빠르게 영어 문장을 말하자.
3. 그 문장을 몇 번이고 반복해서 더 이상 빠를 수 없을 정도로 빠르게 말해야 한다.

처음 반복할 때는 더듬더듬 하지만 수차례 연습한 후에는 처음 시작할 때에 비해 유창하게 말할 수 있다. 운동선수가 한 동작을 끊임없이 이미지 트레이닝 하는 것처럼 영어 문장도 그렇게 해야 한다. 짧은 영어 문장을 여러 개 만드는 방법도 있지만, 최대한 영어 문장을 길게 만들어야 한다. 이 훈련을 하는 이유는 영어 문장을 만들어 내는 뇌 근육을 기르기 위해서다.

만약 아무 생각도 안 난다면 쉬운 단어에 대한 설명도 좋고, 오늘 일정에 대해 영어로 말해도 좋다. 중요한 것은 그 내용을 다시 반복(복기)할 수 있어야 한다는 점이다. 복기할 때는 100퍼센트 같은 단어, 같은 문장이 아니어도 된다. 문장의 정확성이 아니라, 자신이 말하려는 의도(메시지)가 같으면 된다. 종이에 적지 않고 머릿속으로만 생각해서 문장을 만들기 때문에 처음에는 굉장히 힘들 수 있다. 나와 수업하는 수강생들은, 훈련이 안 된 경우에는 10분만 연습해도 머릿속으로 영어 문장을 생각하는 데 엄청난 에너지를 쓴다고 한다. 하지만 일정 기간이 지난 후에는 문장이 아니라 하나의 이야기를 만드는 놀라운 일이 벌어진다. 순전히 자신이 알고 있는 단어와 자신의 지식 및 경험으로 만든, 100퍼센트 순수한 자신만의 영어 말하기다.

이 훈련을 반복하자. 혼자서는 힘들 수 있다. 단어도 안 외우고, 공부도 안 하고, 문장도 생각 안 나는데 이 훈련이 도움이 될지 반신반의하겠지만, 단언컨대 효과가 있다. 시간, 장소, 돈의 제약 없이 가장 빠르게 영어 말하기 실력을 늘리는 지름길이다. 익숙해지면 자신과 영어로 대화할 수 있다. 다소 바보 같다는 생각이 들면 신과 대화한다고 생각해도 되고, 좋아하거나 존경하는 가상의 인물과 대화한다고 생각해도 된다.

먼저 전치사를 활용하여 이미지 트레이닝을 하자

성경이나 불경 등 종교 서적을 많이 읽는다고 반드시 신앙심이 깊다고는 할 수 없다. 그렇게 보일 뿐이고 스스로 그렇게 생각할 뿐이다. 우리 마음속에서 영어는 이런 종교적 심리 상태와 비슷하다. 따라서 관점을 바꿔서 문법적으로 100퍼센트 완벽한 문장을 말하는 것이 목표가 아니라, 나의 생각을 영어로 100퍼센트 말하는 것을 목표를 잡아야 한다.

생각을 영어로 말하기 위해서는 일종의 이미지 트레이닝을 통해 영어 문장을 조합하는 능력을 길러야 한다. 무엇보다도 영어 문장을 머릿속으로 만들어야 한다. 문장의 옳고 그름을 따지기보다는 문장부터 만들어야 한다. be동사를 활용해서 문장을 만드는 방법도 있지만, 스타일을 조금 바꿔서 일반동사를 활용해서 문장을 자연스럽게 만들 수도 있다.

- **처음에는 간단하게 만든다**

This method is the best way. 이 방법이 최선의 방법이다.

- **내용을 추가해서 좀 더 길게 만든다**

This method is the best way **to** improve your English speaking.

이 방법이 당신의 영어 말하기 능력을 향상시키는 최선의 방법이다.

- **익숙해지면 더 길게 만든다**

This method is the best way to improve your English speaking **as** quickly as possible.

이 방법이 가능한 한 신속하게 당신의 영어 말하기 능력을 향상시키는 최선의 방법이다.

또 다른 예를 들어 보자.

- **처음에는 간단하게 만든다**

You can speak with new staff members.

당신은 새로운 직원들과 이야기할 수 있다.

- **내용을 추가해서 좀 더 길게 만든다**

You can speak **about** business opportunities with new staff members.

당신은 새로운 직원들과 사업 기회에 대해 이야기할 수 있다.

• 익숙해지면 더 길게 만든다

For your own sake, you can speak about business opportunities with new staff members.

당신은 자신을 위해 새로운 직원들과 사업 기회에 대해 이야기할 수 있다.

먼저 머릿속으로 자유자재로 영어 문장을 생각해서 만들 수 있는 공식을 훈련한다면 문장의 길이를 무한정 늘여서 하고 싶은 말은 최대한 길게 말할 수 있다. 이런 상황에서 빠르게 그 내용을 말로 표현할 수 있는 훈련을 완전히 익히면 영어 자신감이 생기고 마음이 편해진다. 자신의 생각을 입으로 표현하는 훈련은 이렇게 단순 반복으로 쉽게 할 수 있다. 벼락치기도 가능하다. 그래서 머릿속으로만 이미지 트레이닝을 해서 최대한 문장을 많이 정확하게 생각을 떠올릴 수 있다면 지금까지와는 전혀 새롭게 영어를 쉽게 할 수 있다.

잘 쓰이는 문장 유형을 사용하자

우리나라 사람들이 영어회화에서 자주 사용하는 문장 유형은 대략 4개다. 빈도수로 따질 때 4개의 유형으로 대체로 하고 싶은 말을 다 한다. 이 4개 유형만 파악하면 영어 말하기 고민은 대부분 해결된다.

문장 유형은 크게 '질문하기' 2개와 '설명하기' 2개로 나뉜다. '질문하기'에는 기본 질문 유형과 완료 시제를 쓰는 질문 유형이 있다. 기본 질문은 'be동사를 사용하는 질문'과 'do동사/조동사를 사용하는 질문'으로 나뉜다. What, Where 등의 5W1H 의문문은 이 두 가지 질문 유형에 다 쓰인다.

다음은 'be동사 질문'과 'do동사/조동사 질문', '완료 시제 질문'의 예이다. 다 아는 단어고 다 아는 질문 유형이다. 다음과 같이 간단하게 만들 수 있다.

- **be동사 질문**

Are you happy? 너 행복하니?

- **do동사/조동사 질문**

Do you like chocolate? 초콜릿 좋아해?

Will you have dinner with me? 나와 저녁 먹을래?

- **현재완료 시제 질문**

Have you **tried** orange chocolate? 오렌지 초콜릿 먹어 봤어?

- **현재완료진행 시제 질문**

Have you been crying? 계속 울고 있는 거야?

'설명하기' 문장 유형을 익히는 데는 '색을 이용해 자주 쓰는 문장구조를 파악하기' 방법과 '레고 블록처럼 영어 문장 조립하기' 방법이 있다. 나는 자주 쓰는 문장구조 표현을 색으로 표시한다. 내 방식을 적용하면, '색 문장'은 '영어 문장구조'를 의미한다. '색 문장'은 is to, is that

처럼 문장 골격을 유지한 채 명사, 동사를 바꿔 가면서 영어 문장을 만드는 방법이다.

그리고 영어 문장을 한 줄로 만드는 것이 아니라, 동시에 3줄까지 입체적으로 문장을 만드는 구조를 연구했다. 그 방법이 '레고 블록처럼 영어 문장 조립하기'다. 문법적으로는 관계대명사와 동명사, 그리고 문장을 주어로 다시 연결해서 활용한 문장 유형이다.

'색 문장'과 '레고 블록처럼 영어 문장 조립하기'는 직관적으로 이해할 수 있어서 최대 1시간 안에 배울 수 있다. 1시간 안에 영어 문장을 만들 수 있는 능력을 기른다면 우리는 영어 스트레스에서 해방될 수 있다. 영어 문장을 빠르게 말하려면 문장을 빠르게 생각할 수 있으면 된다. 그때는 이미 영어를 모국어와 같은 느낌으로 생각할 수 있다. 지금까지의 영어 문장을 만들기 위해 들인 시간이 10년이 넘었는데, 단 1시간에 영어 문장을 만들 수 있는 모든 방법을 배울 수 있다면 한번쯤은 도전해 봐도 좋지 않을까?

일주일에 1시간만 영어로 생각하자

일주일에 1시간만 영어로 생각해서 (단어를 잘 몰라도) 영어를 잘 말할 수 있다고 말한다면 대부분의 사람들은 동의하지 않을 것이다. 하지만 나는 다르게 생각한다. 1시간만 영어로 생각해도 영어 말하기가 가능하다. 단 영어 문장을 만들려고 고민하고 생각하는 시간이어야 한다.

그렇다면 영어 문장은 어떻게 만들어야 하는가? 가능하면 동사는 그대로 두고 주어나 명사 등을 바꾸는 방법이 좋다. 다음 예문을 살펴보자.

My feeling is that you don't have any chance to take photos.

내 생각으로는 당신이 사진을 찍을 기회가 전혀 없는 것 같다.

예문의 'is' 와 'don't' 부분만 고정한 채 나머지 단어를 바꿔서 다른 내용의 문장을 만들 수 있다.

→ **My opinion is that you don't need to study English hard.**

　내 생각에는 당신은 영어를 열심히 공부할 필요가 없다.

→ **My advice is that you don't buy the car now.**

　내 조언은 당신은 지금 그 차를 사지 않아도 된다는 것이다.

주어를 바꾸지 않아도 괜찮다. 'is'와 'don't' 같은 문장의 뼈대를 활용해 말하는 연습을 하는 것이 가장 좋다. 이렇게 단어를 바꿔 가면서 수십 개의 문장을 만들 수 있다. 처음에는 머릿속이 하얗게 변할 것이다. 이때 기본적인 회화가 가능한 사람이라면, 만든 문장의 말하는 속도를 최대한 빠르게 줄이는 것이 중요하다.

기억하자! 영어 문장을 만들려고 생각하고 고민하는 시간도 영어 문장을 만드는 시간에 포함된다. 영어로 말을 많이 한다고 해도 내 머릿속에서 나오지 않는다면, 그건 영어라기보다는 영어 말하기 흉내일 뿐이다. 겨우 일주일에 1시간이다. 힘들면 처음에는 하루에 10분이라도 영어로 생각하자. 그러면 당신도 영어로 수다 떨 수 있다.

영어를 빠르게, 인토네이션을 넣어 말하는 연습을 하라

영어가 어렵게 느껴지는 이유 중 하나는 기본적으로 말의 속도가 빠르기 때문이다. 한국어와의 언어구조가 달라서 안 들리는 문제에 앞서, 우리 귀에 들리는 영어의 속도가 너무 빠르다고 느낀다. 마치 발라드만 듣다가 댄스나 힙합처럼 빠른 음악을 듣는 것과 같다. 속도의 차이는 어떻게 극복할 수 있을까?

방법은 의외로 간단하다. 빨리 말하기 연습을 하면 된다. 많은 문장을 연습할 필요 없다. 120단어(word) 전후의 글이나 1분 이내의 동영상을 선택해 연습한다. 공부라고 생각하지 말고, 인터넷이나 유튜브에서 좋아하는 주제를 찾아 연습하면 된다. 큰 노력이 필요하지 않다. 정말 단순하게 빠르게 반복하면서 발음도 교정하고, 인토네이션을 따라 말해도 된다.

처음에는 한 문장만 연습해도 된다. "I'm taking American Accent Training."이라는 문장을 말하는 데 5초가 걸린다면 그 기록을 20퍼센트씩 계속 단축해서 더 이상 단축할 수 없을 때까지 줄여 보자. 스스로 생각하기에 이 이상 빠르게 말할 수 없다는 생각이 들면 조금 더 긴 문장으로 연습하자.

I'm taking American Accent Training. There's a lot to learn, but I hope to make it as enjoyable as possible. I should pick up on the American intonation pattern pretty easily, although the only way to get it is to practice all the time.

나는 아메리칸 악센트 트레이닝을 듣고 있습니다. 배울 게 아주 많지만, 가능한 한 즐겁게 배울 수 있길 바랍니다. 나는 미국식 인토네이션을 아주 쉽게 익혀야 합니다만, 그러기 위한 유일한 방법은 항상 연습하는 것입니다.

출처: Ann Cook, *American Accent Training: A Guide to Speaking and Pronouncing American English for Everyone Who Speaks English as a Second Language*, Barrons

이 문장들을 처음 읽을 때 20초 이상 걸린다면, 한 문장을 연습했을 때와 마찬가지로 20퍼센트씩 속도를 줄이면서 읽어야 한다. '내가 이렇게까지 빨리 말할 수도 있네'라고 스스로 느낄 정도로 빠르게 말해야 한다(3장에서 좀 더 자세히 소개한다).

이런 연습을 통해서 한국어보다 영어를 빨리 말할 수 있다면 영어에 대한 엄청난 자신감이 붙는다. 처음에는 기계적으로 빨리만 말할 수 있어도 충분하다. 나중에 훈련이 되면 모국어처럼 생각하면서 빠르게 말할 수 있다. 다만 무조건 빠르게 읽는 것이 아니라 인토네이션에도 신경을 써야 한다. 강조하는 음절의 음을 높고 빠른 톤으로 크게 말하거나, 음을 길게 끌면서 말하는 연습을 해야 한다. 실제 대화한다는 느낌으로 연습해야 하는 것이다. 영어를 빠르게 말한다고 해서 반드시 영어를 잘한다고 할 수는 없겠지만, 적어도 한국에서 교육을 받는 우리에게는 심리적으로 영어 스트레스를 한 단계 정도 극복하게 해준다.

감정을 연기하라

영어 공부를 해서 영어를 잘하는 사람과 영어를 언어로 훈련하면서 익힌 사람을 비교하면 후자가 영어를 훨씬 잘 말한다. 영어는 언어이기 때문에 경험과 훈련으로 완성된다. 영어권 문화를 직접 경험하는 것이 영어 실력을 올릴 수 있는 확률이 높지만(확률만 높지 해외에 거주한다고 다 영어를 잘하는 것은 아니다) 간접 경험을 통해서도 충분히 훈련할 수 있다. 여기서 간접 경험이란 특정 상황을 가정하고 연기하듯이 영어 연습을 하는 것이다.

첫째, 감정을 연습해야 한다. 기쁜 일, 슬픈 일, 행복한 일 등 연습이 필요하다. 하지만 대부분의 사람들이 감정 연기를 많이 힘들어 한다.

둘째, 영어로 간접 경험을 연습해야 한다. 경험으로는 친구나 지인에게 하고 싶었던 이야기, 지식으로는 자신의 전공 분야를 설명하거나, 사회 이슈에 대해 이야기하는 연습을 해야 한다.

과연 내가 저렇게 할 수 있을까? 의심부터 들겠지만 단 한 문장이라도 만들 수 있다면 된다. 일단 점을 찍어야 선을 그을 수 있다. 그 후에 스케치를 하고 색도 칠할 수 있는 것이다. 한 문장을 만들어 점을 찍자. 그렇게 하나씩 늘려가면 된다.

3문장까지가 가장 힘들다. 최대 3문장까지 만드는 것을 목표로 삼자. 단 하나만 유의하면 된다. 맞든 틀리든 스스로의 힘으로 문장을 만들어야 한다는 것이다. 못한다고 생각하지 말자. 단순하게 '주어 + 동사'로 문장을 만들어도 괜찮다. 70대 중반의 어르신도 했다. 영어에 나이는 상관 없다. 공부에는 때가 있지만, 영어는 공부가 아니기 때문에 지금이 연습해야 하는 순간이다.

다이어트 방법을 백 개 알고 있어도 직접 행동으로 옮기지 않으면 살은 빠지지 않는다. 성공 방법을 알고 있어도 직접 행동으로 옮기지 않으면 성공할 수 없다. 영어 말하기뿐만 아니라, 모든 일에는 인과관계가 분명히 있다.

우리가 하는 영어 공부는 이미 영어를 어느 정도 말할 수 있는 단계에 해야 효과가 있다. 영어가 편하다고 느껴질 때 영어를 공부해야 한다. 영어 말하기 실력을 기르기 위해 사용하는 모든 자료는 이미 자신이 잘 아는 영역에서 찾아야 한다. 새로운 분야를 영어 말하기로 배운다는 것은 힘들게 멀리 돌아가는 것과 같다. 바보 같은 짓이다.

영어로 대화할 상대가 있어야 한다

공부한 영어를 어디에 써먹을 수 있을까? 사실 써먹을 데도 마땅치 않다. 영어 말하기 공부를 하는 사람들 중에는 필요성은 느끼지만 지금 당장 영어를 말할 기회가 많지 않은 경우가 많다. 영어를 써야 하는 환경이라면 의욕도 생기고 배운 것을 바로 쓸 수 있어서 공부하는 재미도 생긴다. 하지만 그렇지 않은 경우는 어떻게 할까? 악기를 배우고 연습하더라도 실제로 연주할 기회가 없다면 중도에 싫증을 내고 포기하게 된다. 마찬가지로 영어가 필요한 환경을 만들어야 한다.

배운 영어를 어디서 누구에게 쓸 수 있을지 찾아야 한다. 없으면 만들어야 한다. 먼저 영어를 하면서 남의 눈을 의식하지 않을 수 있는 환경을 찾아야 한다. 그리고 언제 어디서든 영어를 사용할 수 있어야 한다. 잠자기 전에 영어로 말할 수 있고, 퇴근 후 집으로 걸어가면서도 영어로 말할 수 있어야 한다. 다시 말해서 내부적으로 영어가 필요한 영역을 만들어야 한다는 것이다. 처음에는 혼자서 영어 말하기 연습을 해야 한다.

이제 잘 생각해 보자. 혼자서 말하는 게 힘든 걸까? 영어를 말하는 게 힘든 걸까? 이 두 가지 질문에 스스로 답해 보고 자신이 어떤 것을 더 힘들어 하는지 파악해야 한다. 혼자서 영어를 말할 수 있는 환경을 만들지 못하면 해외에서 10년 넘게 생활하더라도 영어에 대한 불만족이 해소되지 않는다. 틀린 문장을 말하더라도 본인 스스로 부끄러워하지 않아야 영어 말하기에 자신감이 생긴다. 단순한 문장이라도 반복적으로 빠르게 말하는 훈련을 하자. 혼자서 영어 말하기 연습을 할 때는 무조건 '빨리' 생각해서 '빨리' 말하는 게 가장 중요하다. 그다음에는 인토네이션을 연습해야 하고, 마지막으로 발음을 교정하면서 영어 목소리를 가져야 한다.

그다음으로는 다른 사람의 도움이 필요하다. 외부적인 영어 말하기 환경을 확보해야 한다. 가능하면 여러 사람보다는 소수의 인원과 오랫동안 이야기를 하는 것이 좋다. 흔히 많은 사람과 영어회화를 하는 것이 실력 향상에 도움이 된다고 생각하지만, 실제로는 그렇지 않다. 한 사람이라도 그 사람의 성격과 가치관, 꿈, 목표 등을 깊이 이야기할 수 있어야 한다. 여러 사람을 한꺼번에 만나면 인사와 자기소개만 피상적으로 반복하다가 지치기 쉽다. 하지만 한 사람이나 특정 몇 명과 오랫동안 영어로 이야기하다 보면 내용이 깊어지고 이야기 범위가 늘어난다. 문장이 맞는지 틀리는지 고민하기보다는 연습한 영어를 다른 누군가에게 말할 수 있다면, 이미 영어 말하기를 잘할 수 있는 가장 큰 조건을 갖춘 것이다.

단어를 내 것으로 만드는 방법

단어를 외우지 말고 검색을 많이 하자. 예를 들어 글이나 영상에서 mainstream 이라는 낯선 단어를 봤다고 하면 외우지 말고 검색해야 한다. 다음에 소개하는 사이트들 중에서 순서에 상관없이 3개 이상에서만 찾으면 된다. 단어는 외우는 게 아니라, 찾아가면서 어떻게 쓰는지 이해하는 것이다.

01 네이버 영어사전(https://endic.naver.com)
02 딕셔너리닷컴(https://www.dictionary.com) : 영영사전
03 시소러스닷컴(https://www.thesaurus.com) : 영어 유의어 사전
04 구글(https://www.google.com) : 단어 뜻/예문 검색하기
05 구글 이미지(https://www.google.co.kr/imghp)

머릿속으로만
영어로 말하자

2차원 영어: 영작을 위아래로 하자

영어 문장을 머릿속으로 만들기 위한, 몇 가지 연습 방법을 소개한다. 원리는 굉장히 간단하지만 응용하기는 쉽지 않다. 어려워서가 아니라 한 번도 이런 방법으로 해보지 않아서 어색하기 때문이다. 크게 3단계가 있지만 가장 쉽고 많이 쓰이는 첫 번째 단계를 소개한다.

나는 영어 문법 중에서 아주 일부분만 사용한다. 이 문법마저도 외우지 않고 한번 이해하면 영어 문장을 만드는 데 평생 사용할 수 있다. 그 문법의 핵심은 관계사(Relative Clause)로, 관계사는 문장과 문장을 연결하는 역할을 하며, 관계대명사(Relative Pronoun)와 관계부사(Relative Adverb)로 나뉜다.

| 관계사 |

	사람	사물	장소	시간	이유
주격	who/that	which/that			
목적격	whom/that	which/that	where	when	why
소유격	whose	whose			

관계대명사로는 who, whom, whose, which, that이 있다. who
는 사람을 설명하며 주어(subject)의 역할을 한다. whom은 사람을 설
명하며 목적어(object) 역할을 한다. whose는 사람을 설명하고 소유격
(possessive)의 역할을 한다. which는 사물이나 동물에 사용하며, 일반적
으로 주어 역할을 한다. that은 사람과 동물, 사물에 모두 사용 가능하
다(대체로 구어체 영어(informal English)에서 쓰인다). formal English(격식 차린 영어)
에서는 사람을 설명할 때는 who, whom을 쓰고, 사물을 설명할 때는
which를 쓴다. 그리고 관계부사에는 when(시간), where(장소), why(이
유)가 있다.

관계사에는 두 가지 용법이 있다. 하나는 제한적 용법(Restrictive
Clause)으로, 문장에서 반드시 필요한 설명을 제공하는 방법이다. 다른
하나는 계속적/비제한적 용법(Non-Restrictive Clause)으로 추가적인 정보
를 제공하는 방법이다. 추가 정보이기 때문에 관계대명사나 관계부사
가 없더라도 전체 문장의 의미에 큰 영향이 없다. 이때 관계대명사/관
계부사 앞에는 콤마(,)가 온다.

This is a nice camera **which** works properly. [제한적 용법]

이것은 제대로 작동하는 좋은 카메라다.

I have a DSLR camera, **which** does not work properly. [계속적 용법]

내게는 DSLR 카메라가 한 대 있는데, 제대로 작동하지 않는다.

Coacharlie café **where** we met is a cozy place. [제한적 용법]

우리가 만났던 코치찰리 카페는 편안한 장소다.

I went to Coacharlie café, **where** I knew. [계속적 용법]

나는 내가 알고 있던 코치찰리 카페에 갔다.

정리하면, that과 관계대명사를 목적어로 사용하는 경우에는 제한적 용법으로만 사용하고, 나머지 who, which, whose, whom, when, where, why는 제한적/계속적 용법으로 둘 다 사용할 수 있다. 이 내용이 복잡하다고 느낄 수도 있지만 중학교 때 이미 다 배운 내용이다. 조금만 들여다 보면 기억이 날 것이다(기억이 안 난다면 이 책에 나온 내용만 기억하면 된다).

나는 수업 시간에 수강생들에게 관계대명사 who, which, that과 관계부사 where를 사용해서 머릿속으로 문장 만드는 훈련을 시킨다. 회화에서 가장 많이 쓰이는 문장들로, 내가 가르친 수강생 중에는 관계사의 뜻도 잘 모르는 사람도 있었다. 그만큼 초보라도 연습할 수 있다.

원리를 알고 천천히 문장을 만들면 된다. 나머지는 반복이다. 다만 기계적인 반복이 아니라 리듬감을 넣어서 반복해야 한다.

다음에 나오는 who를 활용한 예문처럼 who, which, that/where라는 4개의 관계사만으로 문장 연습을 충분히 할 수 있다. 테트리스 게임을 하듯 머릿속으로 문장을 블록처럼 끼워 맞추는 훈련을 하면 된다.

첫 번째 줄: I have a friend

두 번째 줄: **who** can speak Italian

나는 친구가 있다 | (이 친구는) 이탈리아어를 할 수 있다

who, which, that/where라는 4개의 관계사를 활용해서 문장을 만들 때, 머릿속으로 마치 두 번째 줄로 내려서 영작한다는 느낌으로 만들어야 한다. who 뒤에 be동사가 올지 일반동사나 조동사가 올지 헷갈린다는 사람도 있겠지만, 우선 문장을 신속하게 만드는 능력부터 길러야 한다. 어떤 동사를 쓰든 스스로 맞다고 생각하는 문장으로 만들면 된다.

노래나 필라테스 동작을 처음 할 때도 정확하지 않더라도 직접 노래를 부르고 동작을 하면서 교정이 된다. 처음부터 잘하는 게 아니라 연습을 하면서 잘못된 음과 동작을 교정하면서 점차 완성되는 것이다. 영어도 마찬가지다. 틀리더라도 자신감 있게 빠르게 말하는 것이 실력을 훨씬 더 끌어올리는 데 효과적이다. 나중에라도 잘못된 표현을 바꿀 수 있다. 더 중요한 것은 말하면서 어휘의 뉘앙스를 익히는 연습이다.

문법의 틀에 갇혀서 문장을 기계적으로 만드는 것이 아니라, 자신이 말하고자 하는 의도를 문장에 담는 연습을 해야 한다.

노래를 못 불러도 노래방에 가서 노래를 열심히 부를 수 있고, 동작이 완벽하지 않더라도 건강해지기 위해 필라테스 동작을 열심히 따라 할 수 있다. 그 모습 자체가 아름답다. 그런데 왜 영어에 대해서는 자기 자신에게 엄격하고 가혹할까? 머릿속으로 영어 문장을 말하는 훈련을 하면서 자신을 응원하자.

힘들면, 입으로 같이 말하자

머릿속으로만 영어 문장을 생각해서 완성한다는 것은 쉬운 일은 아니다. 겨우 영어 3문장을 빠르게 말할 수 있는 사람도 많지 않다. 당연히 영어 한 문장도 생각하기란 쉽지 않다. 이때는 입으로 단어를 소리 내서 말하면서 연습하는 것도 좋다. I로 문장을 시작할 때 I를 수차례 반복하더라도 계속 말하면서 연습해야 한다.

머릿속으로 생각하는 것도 힘든데, 입으로 같이 말하는 것은 더욱더 힘이 들 것 같다고 생각할 수 있다. 더군다나 교재도 없고 펜과 종이도 없이 머릿속으로만 문장을 만들어야 해서 눈앞이 캄캄할 수도 있다. 1단계가 관계사(who, which, that, where)를 활용해서 첫 번째 줄과 두 번째 줄을 생각해서 머릿속으로 영어 문장을 만드는 과정이라면, 이번 2단계에서는 만든 문장을 소리 내어 말하는 과정이다. 머릿속 문장을 직접 소리 내어 말하면서 영어 문장을 입 밖으로 내보내는 연습을 하는 것이다. 문장을 읽으면서 연습할 때 앞서 설명한 관계사(who, which, that, where)를 하나씩 만들어서 설명해도 좋다. 내용이 각기 다를지라도(나중에는 하나의 이야기처럼 만들 수 있다) 머리와 입으로 만들 수 있다. 물론 한 개를 여러 개로 만들어도 무방하다.

첫 번째 줄: I have a friend

두 번째 줄:　　　　**who** can speak English

나는 친구가 있다 | (이 친구는) 영어를 할 수 있다

첫 번째 줄: This is the man

두 번째 줄:　　　　**who** wears a blue Jean

이 사람은 남자다 | (이 남자는) 청바지를 입는다

첫 번째 줄: This is the man

두 번째 줄:　　　　**who** wants to attend the seminar

이 사람은 남자다 | (이 남자는) 세미나에 참석하길 원한다

다음과 같이 which와 that을 사용해서 간단히 만들 수 있다.

첫 번째 줄: There is the photo

두 번째 줄:　　　　**which** I love

사진이 있다 | (사진을) 내가 아주 좋아한다

첫 번째 줄: I like the lipstick

두 번째 줄: **that** costs $6

나는 그 립스틱을 좋아한다 | (그 립스틱은) 6달러이다

앞서 잠깐 설명했지만, 알아두면 좋은 문법사항이 있다. 영어회화
보다는 주로 영작을 할 때 미국식 영어를 쓸지 영국식 영어를 쓸지 고
민하는 경우가 있다. 미국식 영어에서는 which를 일반적으로 계속적/
비제한적 관계절에 사용한다(수식하는 문장이 문장에 부가적인 내용으로 삭제해도
의미가 통한다). 반면 that은 제한적 관계절에 쓴다(수식하는 문장이 문장에 필수
적인 내용이어서 삭제하면 문장의 의미가 달라진다). 영국식 영어에서는 which도
제한적 관계절에 사용한다. 나는 미국식 영어를 따르는 것이 좋다고 생
각하지만, 실제 말할 때는 큰 구분 없이 써도 상관 없다. 우리는 일단
영어 문장을 만들어서 입 밖으로 꺼내는 게 훨씬 중요하기 때문이다.

콤마는 계속적/비제한적 관계절에서 사용되는데, 계속적 관계절은
부가적인 설명을 삭제해도 원래 문장의 의미에 영향을 주지 않기 때문
이다. 좀 복잡하지만 회화에서는 콤마를 쓰니 안 쓰니 고민할 필요 없
다. 회화에서는 콤마로 문장의 의미를 표현하는 것이 아니라 말하는 중
간에 악센트를 주거나, 살짝 생각하는 시간을 두는 방법으로 문장의 중
요한 부분을 전달하기 때문이다. 누가 말하는 중간에 '콤마'라고 말하
는가. 기술적인 면에서도 영어회화가 오히려 더 쉽다고 생각한다.

첫 번째 줄: I go to Charlie café

두 번째 줄: **where** I can speak English

나는 찰리 카페에 간다 | (찰리 카페에서) 나는 영어를 할 수 있다

첫 번째 줄: I remember the place

두 번째 줄: **where** I first met her

나는 그 장소를 기억한다 | (그 장소에서) 나는 그녀를 처음 만났다

TIP **who를 써야 할지 whom을 써야 할지 잘 모르는 경우**

관계대명사 who는 주로 주어 역할을 하지만, whom은 동사의 목적어나 전치사 역할을 한다. 만약 문장에서 he, she 등으로 바꿔 쓸 수 있다면 who를 쓰고, him이나 her로 바꿔도 어색하지 않는다면 whom을 쓰면 된다.

(Who or Whom) is a YouTuber? 누가 유튜버인가?

이 질문에 대답할 때 he/she 대신에 him/her로 바꿔서 대답하면 굉장히 어색하다. "Him/She is a YouTuber."가 아니라, he/she를 넣어서 "He/She is a YouTuber."라고 말해야 자연스럽다. 따라서 질문에서 "Who is a YouTuber?"라고 하는 것이 맞다.

마찬가지로,

(Who or Whom) should I help? 제가 누구를 도와줘야 해요?

이 질문에 대해 "I should help he/she."로 답변하는 것은 굉장히 어색하다. 대신에 "I should help him/her."라고 하면 적절하다. 이때는 "Whom should I help?"라고 whom으로 질문하는 것이 맞다. 하지만 실제 회화에서 whom으로 말하는 경우는 많지 않다. 어학 시험에서는 구분해야 하지만 영어로 말할 때는 크게 신경 쓰지 않아도 된다.

일반적으로 where는 의문사(질문을 할 때), 접속사, 관계부사로 쓰인다. where, when, why 중에서 가장 직관적이어서 연습할 때는 주로 where를 많이 사용한다. 어차피 하나만 쓸 줄 알면 나머지도 자연스럽게 쓸 수 있다(when과 why는 3장과 4장의 학습 방법을 익히면 자연스럽게 알게 된다).

초보자에게는 전치사로 문장 만드는 연습이 최고다

영어 단어 하나도 모르고 외우기도 싫지만 영어는 잘하고 싶은 사람도 있다. 이런 사람들에게 추천하는 방법은 전치사를 최대한 활용해서 영어 문장을 길게 만드는 훈련이다. 게으른 사람에게 최적화된 방법이다. 우리가 많이 아는 at/on/in/to/from을 최대한 활용하면 문장을 늘릴 수 있다. 물론 기본적으로 시간, 장소, 방향에 관해서 알고 있어야 한다.

at, on, in은 크게 시간과 장소에 많이 응용된다. 기본 개념은 at은 가장 작고 세세한 의미, in은 상대적으로 넓고 큰 의미다. on은 그 중간에 해당한다. 상대적인 개념으로 인식해야 한다.

일반적으로 장소, 시간 순으로 문장을 만든다. 이때 장소 개념의 in과 시간 개념의 on을 고정으로 두고 다른 단어를 바꿔가면서 문장을 만들어 보자.

I read a book in a café on the weekend.

나는 주말에 카페에서 책을 읽는다.

이 문장에서 전치사 in/on을 제외한 모든 단어는 바꿔도 된다. 다음과 같이 알고 있는 전치사를 최대한 이용해서 문장에 하나씩 끼워 넣는 훈련도 좋다.

I read a book <u>with my friends</u> in a café on the weekend.
나는 주말에 친구들과 함께 카페에서 책을 읽는다.

참고로 at the weekend는 영국식 영어에서 주로 사용하고, on the weekend는 미국식 영어에서 주로 사용한다. 이런 경우에는 on이 맞는지 at이 맞는지 구분하기보다는 나라마다 weekend를 생각하는 개념이 다르다고 생각하는 편이 제2외국어로 영어를 배우는 사람으로서 속이 편하다. weekend 앞에 at을 쓸지 on을 쓸지 망설이는 사람이 은근히 많다.

다음의 표를 참고해서 일반적으로 가장 많이 사용하는 전치사인 at, in, on을 연습해도 좋다. 표의 틀을 유지한 채 여러 예문으로 만들어 보자.

	시간	장소
at	at noon	at the entrance
in	in 2019	in a car
on	on my birthday	on the menu

전치사로 영어 문장을 늘려서 머리와 입으로 만드는 훈련을 반복하면 큰 도움이 된다. 다음 장에 소개하는, 문장을 복합적으로 변형하는

훈련의 탄탄한 기초가 되기 때문이다. 힘들면 쉬운 문장으로 해도 된다. 중요한 것은 한 문장이라도 최대한 빠르게 반복해야 한다는 것이다. 악센트를 주면서 인토네이션까지 갖추면 금상첨화다.

20대부터 80대까지 연습으로 충분히 가능하니 절대 포기하지 말자. 한 나이 지긋한 수강생의 말이 떠오른다. 자신이 50대에 영어를 배우려고 할 때 지금 배워서 뭐 하느냐는 생각에서 영어를 배우지 않았는데 지금 벌써 60대라고 한다. 분명히 70대가 되고 80대가 되어도 같은 고민을 할 것 같아서 영어 한마디라도 하고 싶어서 배우기 시작했다고 한다. 지금 20대, 30대, 40대도 마찬가지다. 어차피 나중에 고민할 것 지금 미리 해결하자.

1. 시간을 나타내는 전치사

at   구체적인 시간(특정 시간, 식사 시간, 나이 등)

at five o'clock, at half past five, at night, at 35, at dinner

I have class with Coach Charlie **at** 4 p.m. every Sunday.

나는 매주 일요일 오후 4시에 코치 찰리와 수업을 한다.

on   특정한 날(날짜, 요일)

on Monday, on April 21th, on my birthday

I have class with Coach Charlie at 10 a.m. **on** Sunday.

나는 일요일 10시에 코치 찰리와 수업을 한다.

in   계절, 년도, 월, 특정시간 이후, 아침 등

in July, in the future, in 7 days, in 2019, **in the morning**

I have class with Coach Charlie **in** the morning.

나는 오전에 코치 찰리와 수업이 있다.

The English class with Coach Charlie is **in** 7 days.

코치 찰리와의 영어 수업은 7일 후에 있다.

by ~까지(어느 시점까지)

by 10 o'clock, by next week

I have to be here **by** 10 a.m.

나는 오전 10시까지 여기 와야 한다.

until(till) ~까지(어느 시점까지의 계속적인 동작)

Coach Charlie is open **until** 9 p.m. every day.

코치 찰리는 매일 저녁 9시까지 영업을 한다.

from ~부터(어떤 동작이나 상황이 발생한 시점을 의미)

I have English class with Coach Charlie **from** 10 to 11.

나는 코치 찰리와 10시부터 11시까지 영어 수업이 있다.

since ~특정한 시점부터 지금까지 계속

I have learned English from Coach Charlie **since** last November.

나는 작년 11월부터 지금까지 코치 찰리에게 영어를 배우고 있다.

after   ~후에

I will have lunch **after** the English class.

나는 영어 수업이 끝난 후에 점심을 먹을 것이다.

before   ~이전에

I will have lunch **before** the English class.

나는 영어 수업 전에 점심을 먹을 것이다.

ago   ~이전에(현재 시점부터)

I learned swimming two years **ago**.

나는 2년 전에 수영을 배웠다.

for   ~동안(주로 숫자)

I have been studying English **for** 20 years.

나는 영어를 20년 동안 공부하고 있다.

over   ~동안(기간, 시간 등)

I will learn English preposition **over** the next few days.

나는 앞으로 며칠 간 영어 전치사를 배울 것이다.

during   ~동안(특정한 기간 동안)

I learned about English prepositions **during** the vacation.

나는 방학 동안에 영어 전치사에 대해 배웠다.

while   ~동안(접속사; 동시에 같이 발생, 참고로 만약 콤마를 함께 쓰는 경우에는

whereas /although의 의미다.)

I speak English **while** Charlie keeps looking at me.

찰리가 나를 계속 보고 있는 동안 나는 영어로 말한다.

to   ~분 전

Ten **to** six(=5:50)   6시 10분 전

past   ~분 뒤

Quarter **past** five(=5:15)   5시 15분

2. 장소를 나타내는 전치사

at　　　~에(특정 지점)

I learn English from Charlie **at** Coacharlie café in Seoul.

나는 서울의 코치찰리 카페에서 찰리에게 영어를 배운다.

in　　　~안에

Coacharlie café is located **in** Seoul.

코치찰리 카페는 서울에 있다.

on　　　특정 지점과 맞닿아 있는 부분

There is a cup of coffee **on** my desk.

내 책상 위에는 커피가 한 잔 있다.

over　　　특정 지점과 수직으로 위쪽

There are pretty lights **over** my head.

내 머리 위에는 예쁜 조명이 있다.

above   단순히 위쪽 지점

A plane is flying **above** the clouds.

한 대의 비행기가 구름 위로 날아가고 있다.

under   수직으로 아래 지점

There is a pencil **under** the desk.

연필이 책상 아래에 (떨어져) 있다.

below   단순히 아래를 나타낸다.

The picture is **below** the table.

그 그림은 탁자 밑에 있다.

beneath   접촉면과 맞닿아 있는 아래

A pencil lies **beneath** the book.

연필이 책 아래에 (깔려) 있다.

between   (두 명의 사람이나 두 물체 사이에서) ~사이에

This is a promise **between** you and me.

이건 너랑 나 둘만의 약속이야.

among   (셋 이상) ~사이에, ~중에

Coacharlie is the prettiest café **among** nearby cafés.

코치찰리는 근처 카페들 중에서 제일 예쁘다.

in front of   ~의 앞에(before는 주로 글(written English)에서 사용)
(= before)

Coach Charlie sits **in front of** me during class.

코치 찰리는 수업할 때 내 앞에 있다.

behind   ~의 뒤에

There are books **behind** me.

내 뒤에 많은 책들이 있다.

near   ~근처에

Charlie sits **near** the tree.

찰리는 그 나무 근처에 앉아 있다.

around   ~주변에(영국식 영어에서는 주로 round를 쓴다.)

Charlie wants to travel **around** the world.

찰리는 전 세계를 여행하고 싶어 한다.

3. 이동 또는 방향을 나타내는 전치사

from   (출발) ~에서

I came to the café **from** Seocho station.

나는 서초역에서 그 카페에 왔다.

to   (도착 지점) ~까지, ~에

I went **to** my home in Daechi-dong.

나는 대치동에 있는 내 집에 갔다.

along   ~을 따라(처음과 끝이 명확하지 않은 경우)

I am walking **along** the street to go to the café.

나는 그 카페로 가기 위해 도로변을 걷고 있다.

across   ~을 건너서(처음과 끝의 한계가 명확한 경우)

I went **across** the street to go to the café.

나는 그 카페에 가기 위해 횡단보도를 건넜다.

through　　~을 통과하여

The Namsan tunnel goes **through** the Mt. Namsan.

남산 터널은 남산을 통과해 지나간다.

into　　~안으로(밖에서 안으로의 이동)

I came **into** the café.

나는 그 카페에 들어왔다.

out of　　~밖으로(안에서 밖으로의 이동)

I went **out of** the café.

나는 그 카페의 문을 열고 나갔다

for　　(명확한 목표 지점) ~로, ~에

Is this bus **for** Seocho-dong?

이 버스는 서초동으로 가나요?

toward　　(불명확한 목표 지점) ~로 향해
(towards)

I will drive **toward** Seocho-dong to reach the café.

나는 그 카페에 가기 위해 서초동으로 운전해서 갈 것이다.

3장

외우지 않아도 영어 말문이 트인다

- How to speak English like a native I -

레고 블록처럼
영어 문장을 조립하라

영어 말하기에 필요한 영어 문장을 만들기 위해서는, 머릿속으로 간단한 계산식 정도를 암산할 수 있는 수준이면 된다. 여기서 소개하는 간단한 방법으로 하고 싶은 말을 거의 모두 말할 수 있다고 생각한다. 이 내용을 확실히 이해하고 연습한다면 지금까지 영어 문장이 바로 생각 안 나거나 논리적으로 말하지 못했던 상황이 해결될 것이다.

우리말을 할 때도 자신이 원하는 만큼 감정, 지식, 경험 등을 한번에 다 담기 어려울 때가 많다. 상황이나 시간의 제약도 있을 수 있고, 상대방을 배려하며 이야기해야 할 때도 있다. 하물며 영어로 말할 때는 더 심하다. 그런 제약을 조금이나 극복하기 위해 나는 영어 문장을 만들 때 위/아래 개념을 사용한다. 일반적으로 영어 문장을 만들 때 한 줄로 쓴다. 책을 읽듯이 왼쪽에서 오른쪽 방향으로 된 선(line)의 개념으로 영어 문장을 만드는 것이다. 반면 내가 생각하는 영어 문장은 선의 개념 대신에 위/아래 방향의 입체적인 개념을 넣어 레고 블록처럼 파악하는 것이다. '꾸미다' '수식하다'라고 말할 수도 있는데 이 블록을 보면 훨씬 직관적으로 이해할 수 있다. 이 블록의 장점은 무엇보다도 누구나 직접 만들 수 있다는 것이다. 자신이 직접 문장을 만드는 힘이 영어 말하기 능력에서 가장 중요하다. 블록 개념에서는 앞에서 설명한 관계대명사 who, whom, whose, which, that과 관계부사 when, where, why 중에서 관계사 who, which, that, where를 주로 사용한다.

Stage 1. that, who, which, where(3W1T)

Line	Stage 1-A(기본 형태)		
1			
2		that, who, which, where	
3			

L1: I have a friend

L2: **who** can speak English

L3:

나는 친구가 있다 | (친구는) 영어를 할 수 있다

Stage 1은 기준이 되는 문장을 말한다. 이 문장을 바탕으로, 문장의 처음, 중간, 마지막 부분을 that, who, which, where로 설명할 수 있다(앞으로는 줄여서 3W1T라고 통칭한다). 블록에서는 3W1T라고 표시했지만 실제는 이 중에서 하나만 선택해서 문장을 만들면 된다. 처음 머릿속으로 문장을 만들 때 friend처럼 무조건 끝 부분을 설명하는 문장 스타일로 만들어야 한다. 맨 끝에 단어를 3W1T를 사용해서 설명해야 하기 때문이다. 이 방법은 가장 기초적인 방법이다. 마지막 단어를 설명하는 문장을 여러 차례 만들고 입으로 말하기를 반복하고, 그다음에는 문장의 첫 단어를 설명하는 것을 연습해야 한다.

Line	Stage 1-B		
1			
2	that, who, which, where		
3			

L1: Frank   is my friend

L2: **who** can speak Korean

L3:

프랭크는 ~ 내 친구다 | (프랭크는) 한국어를 할 수 있다

의미는 거의 비슷하게 하면서 설명하는 스타일만 조금씩 바꾸면 된다. 머릿속으로 자유자재로 설명하는 힘을 기르기 위한 과정이다. 일반적으로는 문장의 처음 단어, 중간 단어, 마지막 단어순으로 문장을

만드는 연습을 해야 한다. 물론 개인의 성향에 따라 순서를 바꿔도 되지만 내 경험상 이 순서를 추천한다. 연습할 때는 주로 짧은 문장을 쓰기 때문에 바로 앞의 예문처럼 문장 중간의 단어를 '밑으로 내려서 설명하기'는 연습하지 않는다. 실제 회화에서는 응용 가능하다.

중간 부분을 밑으로 내려서 설명하는 방법이 있기는 하지만, 동사를 한 번에 여러 개 말하는 Stage 3에서 배울 수 있어서 생략한다. 주로 다음의 예문처럼 만들어지는데, 처음 접할 때는 동사가 2개 있어서 생소하고 다소 어려워 보일 수 있다. 이 단계에서는 참고만 하자.

L1: My smartphone   **works** in China

L2:   , **which** **is** white,

L3:

내 스마트폰은 ~ 중국에서 작동한다 | (스마트폰은) 하얀색이다

이 예문에서 which 대신 that을 쓰려면 "My smartphone that is white works in China."라고 하면 된다.

L1: I **think** Frank   **needs** to have good
                                    English and Korean skills

L2:   **who** **wants** to work in Korea

L3:

나는 프랭크에게 ~ 좋은 영어와 한국어 실력이 필요하다고 생각한다 | (프랭크는) 한국에서 일하길 원한다

L3도 중요하다. 영어에서는 말을 하다 보면 설명을 길게 하는 경우가 많다. 기본적으로 L2는 L1을 보충하는 역할을 하고, L3은 L2를 보충하는 역할을 한다.

Line	Stage 1-A		
1			
2	that, who, which, where		
3			that, who, which, where

L1: I have a friend

L2:   **who** can speak Italian

L3:   , **which** is easy to learn

나는 친구가 있다 | (친구는) 이탈리어를 할 수 있다 | (이탈리아어는) 배우기 쉽다

단순하게 사람이면 who, 사람이 아니면 that 또는 which, 장소를 설명할 때는 where를 쓴다. 시간에는 when, 이유에는 why를 쓴다. that과 which는 쓰임이 유사하다. 다만 2장에서도 설명했듯이 that은 제한적 관계사절에 쓰는 것이 적절하다. 콤마 뒤에 나오는 관계사절의 계속적/비제한적 용법에서는 which를 사용한다. 즉 관계사 뒤의 문장이 내용상 문장에서 꼭 필요하지 않은 경우에 which를 쓴다.

Stage 2 : -ed, -ing 형태

Line	Stage 2-A(기본 형태)
1	
2	-ed -ing
3	

    Stage 1만으로도 충분히 많은 문장을 만들 수 있다. 처음 훈련을 하게 되면 Stage 1만으로도 많은 에너지가 소모될 것이다. 머릿속으로 생각하고 입으로 말하면서 영어 문장을 완성하는 것은 쉽지 않다. 수강생들과 수업을 할 때 이 훈련을 30분만 하게 하면 머리가 지끈거린다고 하소연한다. 하지만 열심히 훈련한다면 100점을 기대하면서 시험장을 나서는 것 같은 기분이 들 것이다. 수업이 끝난 후에는 자신감과 함께 개운함도 느낀다. Stage 2는 액세서리 같은 느낌이 든다. 잘 사용하면 문장을 예쁘게 만들 수 있다. Stage 2에는 크게 세 가지 형태가 있다.

-ed 형태(규칙동사의 과거분사 형태)

Line	Stage 2-A		
1	I'm going to buy a robot		
2		controlled	by A.I.
3			

나는 로봇을 살 것이다 | (로봇은) 인공지능에 의해 제어된다

L1: I bought a smartphone

L2:   **controlled** by A.I.

L3:

나는 스마트폰을 샀다 | (스마트폰은) 인공지능에 의해 제어된다

-ed가 아닌 형태(불규칙동사의 과거분사 형태)

Line	Stage 2-A		
1	I like cloth		
2		made	in Italy
3			

나는 옷을 좋아한다 | (옷은) 이탈리아에서 만들어졌다

L1: I bought a smartphone

L2:   **made** in Korea

L3:

나는 스마트폰을 샀다 | (스마트폰은) 한국에서 만들어졌다

L1: My smartphone   will be replaced by insurance

L2:   **stolen** in Paris

L3:

내 스마트폰은 ~ 보험으로 환급될 것이다 | (스마트폰을) 파리에서 도난당했다

-ing 형태(현재분사/동명사 형태)

Line	Stage 2-A		
1	I watched a UFO		
2		flying	away
3			

나는 UFO를 보았다 | (UFO는) 하늘을 날고 있었다

L1: I saw him

L2:   **studying** in a café

L3:

나는 그를 보았다 | (그는) 카페에서 공부하고 있었다

-ing 형태는 '목적어(동작의 주체)가 ~하는 것을 …하다'라는 의미의 문장에 어울린다. 동사 뒤에 오는 경우, -ing 형태는 '밑으로 내린다'고 하지 않고 다음의 예문처럼 L1에 해당한다고 가정한다.

L1: I like **listening** to Jazz

나는 재즈 듣는 것을 좋아한다

-ing 형태는 Stage 1과 마찬가지로 내리는 위치를 문장의 앞쪽과 문장의 중간에도 적용할 수 있다. Stage 2에 해당되는 단어만 밑으로 내

리면 된다. 전치사는 일반적으로 바로 앞(왼쪽) 단어와 같은 위치에 쓰인다.

L1: The library book   needs to be replaced

L2:   **damaged** by water

L3:

도서관 책은 ～ 교체되어야 한다 | (책은) 수해를 입었다

L1: I saw   trees after a thunderstorm

L2:   **fallen**

L3:

나는 보았다 ～ 폭풍우 후에 나무들을 | 쓰러진 (나무들)

이 형태를 머릿속으로 그릴 때는, 가능하면 L1에 해당되는 문장을 먼저 만들고 L2에 해당되는 문장을 '추가'한다는 생각으로 만들어야 한다. 밑에 L3을 만들더라도 같은 느낌이다. 문장을 만드는 순서는 L1 → L2 → L3의 순서를 항상 유지해야 한다.

문장 앞 부분에 적용하면 다음과 같다.

L1:The man   had to call his office

L2:   **injured** in the basketball game

L3:

남자는 ～ 자신의 사무실에 전화해야 했다 | (남자는) 농구 경기 중에 부상당했다

-ed 형태에서, 과거분사(past participle)를 문장 앞에 쓰는 경우 특이한 모양이 나올 수 있다(stage 2-B). 처음에 헷갈릴 수 있기 때문에 이 형태는 나중에 연습해도 된다. 문장 만드는 순서를 L1에서 시작해야 하는데, 훈련이 충분하지 않은 상황에서는 L2의 문장을 먼저 시작하면 조금 어색할 수 있기 때문이다.

Line	Stage 2-B	
1		person loves to drink often
2	A drunk	
3		

술 취한 | 사람은 자주 마시는 걸 몹시 좋아한다

Stage 3: 동사 두 개를 동시에 사용하는 형태

Line	Stage 3	
1		
2		be동사, 일반동사, 조동사 등
3		

Stage 3에서는 동사를 두 개 이상 동시에 사용할 수 있는 방법을 배운다. 문장 만들기에 익숙해지면 이야기를 해야 하는 단계가 온다. 그때는 Stage 3을 활용하면 자신의 생각을 자연스럽게 말할 수 있다.

L1: I **hope** you

L2:   **have** fun

L3:

나는 네게 바란다 | (네가) 재미있게 놀기를

hope와 have를 문법 설명 없이 동사로 이해하면, L1에는 동사 한 개, L2에도 마찬가지로 동사 한 개다. 동사를 한 줄에 한 개씩 나눠서 말하는 스타일로 문장을 만들 수 있다. 여기서는 be동사와 일반동사, 조동사 등 다른 동사와도 얼마나 잘 섞어서 쓰는지도 관건이다. 다음은 feel과 have를 이용한 예문이다.

L1:   that you do not **have** any opportunities to protect your personal
             information

L2: I **feel**

L3:

나는 ~이라는 느낌이 든다 | 당신이 자신의 개인 정보를 지킬 기회가 없다

hope와 is로도 만들 수 있다. 그리고 L2에 be동사를 쓰는 문장은 가장 직관적으로 쓸 수 있는 문장이어서 많이 연습하는 게 좋다.

L1: I **hope** that the car company

L2:   **is** footing the bill for this accident

L3:

나는 차량 회사가 ～ 바란다 | 이 사고 비용을 전액 부담하기를(foot the bill, 비용을 부담하다)

원칙적으로 동사를 써야 하지만 다음 예문처럼 육하원칙(5WH1)을 이용한 문장도 만들 수 있다.

L1: You **will** learn

L2:   **how to** speak English

L3:

당신을 배울 것이다 | 영어로 말하는 법을

Stage 3 유형의 문장을 자유자재로 만들 수 있다면 이미 영어 말하기 공부의 90퍼센트는 끝났다고 해도 과언이 아닐 정도로 중요하고 활용 빈도가 높다. 이 유형으로 훨씬 멋진 문장을 만들 수 있다.

응용 단계

Stage 1 + Stage 2

여기서부터 조금씩 문장을 응용을 한다고 생각하면 된다. 앞에서 배운 내용을 결합해서 문장을 만든다.

Line	Stage 1 + 2			
1	Frank		wants to buy a robot	
2	who can speak Korean		controlled	by A.I.
3				

프랭크 | (프랭크는) 한국어를 할 수 있다 | 로봇을 사고 싶어 한다 | 인공지능으로 제어되는 (로봇)

L1: Frank　　　　　　　　likes to drink coffee

L2: **who** can speak Korean　　　　　　　**made** by Charlie

L3:

프랭크 | (프랭크는) 한국어를 할 수 있다 | 커피를 좋아한다 | 찰리가 만든 (커피)

who를 이용해서 Stage 1과, made를 이용한 Stage 2를 결합하여 문장을 완성한 것이다. 앞에서 배운 원리를 바탕으로 문장을 다르게 만들 수 있지만, 중요한 것은 자신이 가장 편하게 생각하는 유형으로 만들면 된다는 점이다. 자신에게 편하고 익숙한 말투는 전부 다르기 때문이다. 수강생들의 80퍼센트는 영어로 말할 때 Stage가 결합된 10개 문장을 활용한다(한국인이 많이 쓰는 문장구조 10개는 3장 마지막 부분에 수록되어 있으니 참고하길 바란다).

다음에는 우리가 학교에서 중요하다고 배운 as ~ as 문장에 응용해보자. 전치사와 마찬가지로 문장 Line을 그대로 따라간다. 학교에서 배운 내용을 영어로 말하기는 쉽지 않지만, Stage와 Line의 의미를 이해한다면 충분히 응용 가능하다.

L1: One study   found the reason

L2:   **funded** by the   **that** many American

                 Medicare program   hospitals

                                                        overcharged

                                                        their patients

L3:

전체 문장: One study | funded by the Medicare program | found the reason |
that many American hospitals overcharged their patients.

한 연구에서 | 메디케어(노인 의료보험제도)의 자금 지원을 받은 (연구) | 이유를 발견했다 | 많
은 미국 병원들에서 환자들에게 비용을 과다 청구했다

이 예문은 미국 의료보험에 관한 내용으로 좀 낯설고 어려운 느낌
이 들지만, 아무리 어려운 단어를 있어도 결국 Stage 2+ Stage 1을 결합
한 형태(비록 순서만 바꿨어도)일 뿐이다. 단어를 몰라서 영어를 못하기보다
는 '외국인'으로서 어떻게 영어 문장을 만들어야 할지 모르기 때문에 지
금까지 영어를 편하게 말하지 못한 것이다.

참고로 이 Stage 2 + Stage 1을 활용한 문장 만들기는 어디까지나
연습용이다. 실제 각 분야마다 일반적으로 자주 쓰는 표현이 있다. 이
예문에서는 'One study found that ~'라는 구문이 널리 쓰이는 표현이
다. 해당 분야에서 자주 사용하는 표현에 익숙해지려면, 자주 접해봐야
한다. 그렇다고 스트레스를 받으면서 일정 수준 이상으로 원어민을 뛰

어넘으려고 너무 애쓰지는 말자. 우리는 영어를 제2외국어로 쓰는 외국인이다. 혹시 틀리더라도 걱정하지 말자. 저명한 인사도 트위터에 문법 오류가 있는 문장을 올린다. 영어를 편하게 사용하는 훈련을 하는 게 영어를 완벽하게 사용하는 훈련보다 성과가 훨씬 좋다는 사실을 명심하자. 처음부터 완벽한 영어를 하려고 시도한 사람들 중에 성공한 사람은 주변에 단 한 명도 없다.

Stage 1 + Stage 3

물론 순서를 바꿔서 Stage 3 + Stage 1로 써도 된다.

L1: The reason **is**

L2:   that the government **is** an entity

L3:   **that** can set the price

그 이유는 | 정부가 독립체이다 | 가격을 정할 수 있는(entity 독립체 = organization 조직)

다음 부분이 Stage 3에 해당된다.

L1:The reason **is**

L2:   that the government **is** an entity

다음 부분은 Stage 1에 해당된다.

L2: that the government is an entity

L3:   **that** can set the price

연습용 문장에서는 최대한 쉬운 단어로 연습을 하는 것이 좋다. 어디까지 이해가 목적이기 때문이다.

다음 예문들은 L1에서 해당하는지 L2에 해당하는지 분간하기 어려운 경우다. L1에서 시작하는 게 맞는지, L2에서 시작하는 게 맞는지 알아보자.

L1: You will do

L2:   what you want

L1:   what you want

L2: You will do

당신은 할 것이다 | 당신이 원하는 것을

두 예문 다 맞다. 악센트를 두는 위치에 따라 의미상의 차이는 있겠지만 기본적으로 자신이 말하고자 하는 의도를 L1에 둔다는 점이 중요하다. 어차피 L1인지 L2인지는 머릿속에만 있는 개념이다. 아무리 많은 말을 동시에 말하고 싶어도 입에서는 순차적으로 나올 수밖에 없다. 이론적으로나 학문적으로 따지기보다는 실용적으로 생각하자.

Stage 2 + Stage 3

L1:   water before you go to bed

L2: drinking

L3:   <u>will</u> interrupt your sleep cycle

마시는 것은 | 자기 전에 물을 | 수면 사이클을 방해할 것이다

앞에서 배운 Stage 2와 유사해 보일 수도 있지만, 가장 큰 차이는 will이다. Stage 3에서는 be동사, 일반동사, 조동사 등에 다른 Line으로 문장이 구분된다.

Stage 1 + Stage 2 + Stage 3

Line	Stage 1 + 2 + 3		
	Stage 1	Stage 2	Stage 3
1	I agree with your opinion		
2		that the new marketing manager	is easy to get along with
3		talking	to Emily

나는 당신 의견에 동의한다 | 새 마케팅 부장 | 에밀리와 이야기하고 있는 | 잘 지내기 쉽다

전체 문장에서 동사가 2개 이상 있어서 Stage 3(L1: agree/L2: is)을 이용했다고 할 수 있다. 결국 하고 싶은 말을 길게 말할 때는 대부분 stage 3의 단계를 꼭 거치게 된다. 짧은 문장만 반복하는 사람들의 대다수는 동사를 하나만 써서 말한다. 이 훈련법을 통해 동사를 여러 번 사용해

서 말하는 습관을 들인다면 영어 단문장만 말하던 수준에서 영어 이야기로 자연스럽게 말하는 수준으로 올라갈 수 있다.

시간이 날 때마다 'Stage 1 + Stage 2 + Stage 3'을 머릿속으로 문장을 만드는 연습을 해야 한다. 앞서 나온 예문을 이론적으로 분석하면 다음과 같다.

Stage 1

L1: I agree with your opinion

L2:   **that** the new marketing manager

Stage 2 + Stage 3

L2: that the new marketing manager   is easy to get along with

L3:   talking to Emily

영어 말하기에서 이 예문처럼 실제로 L2와 L3을 동시에 쓰는 비율은 10퍼센트도 안 된다. 대부분 L1에 해당되는 내용을 빠르고 리듬감 있게 말할 뿐이다. 이 예문의 이론적인 부분은 영어 문장을 만들기 위해 참고만 하자.

수강생들 중에는 이 Stage 단계를 적용해 분석하는 것을 선호하는 사람이 있다. 하지만 Stage를 너무 연구하는 것보다는 이해하고 머릿속으로 문장을 만들 수 있는 '능력'을 기르는 것이 훨씬 더 중요하다. 자신이 말하는 유형을 찾아가면 점점 분석하는 성향이 줄어든다. 점점 영어 말하기를 편하게 할 수 있는 단계가 오는 것이다. 어떤 수강생들은 처음부터 편하게 말하다가 중간중간에 영어 강연, 영자 신문 등을 보면서 필요한 부분만 발췌해서 연습해서 회화에 응용하기도 한다. 어느 것을 선택하든 본인이 편하면 된다.

실전처럼 연습하기

영어로 하고 싶은 말이 바로 떠오르는 실력이 키우려면 말을 하는 방법을 배워야 한다. 우리가 영어로 말하고 싶어 하지만, 문법적으로만 완벽한 문장이나 영화 대사처럼 계획되고 정해진 자료를 이용한다. 하지만 실제로 영어로 말하기 위해서는 즉흥적으로 생각해서 영어로 말하는 능력이 필요하다. 내가 개발한 방법은 '레고 블록처럼 영어 문장 조립하기'이다. 이 방법은 문장을 못 만드는 사람, 하고 싶은 말을 하려는데 영어가 안 떠올라서 더듬거리는 사람에게 아주 유용하다. 그리고 문법의 틀에 갇혀서 완벽한 문장을 만들려다 보니 정작 자신의 의견을 영어로 말하지 못해서 속상했던 경험을 극복할 수 있는 가장 빠른 방법이다. 가장 중요하다고 생각했던 '문법의 성'에서 나와야 비로소 탁 트인 세상을 볼 수 있다.

예시된 블록은 단순히 이미지 트레이닝을 하면서 사고력 강화 훈련에 필요한 이미지이다. L3까지 머릿속으로 문장을 만들어서 말한다면 전달하고자 하는 메시지가 불분명해진다. 그렇기 때문에 이론상 존재하는 것이다. 자신이 아는 단어를 아무리 동원해도 영어로 문장을 바로 생각하지 못하는 사람이 있다면, 이 방법을 통해서 문장을 머릿속으로만 만드는 훈련을 계속하면 순간적으로 머릿속으로 영어 문장 만드는 능력이 크게 향상된다.

연습 1

Line	Stage 1 + 2		
1			
2	that, who, which, where		
3			

'말의 흐름'에서는 실제 입에서 나오는 흐름대로 단어를 적어 놓아서, 실제 문법에 맞지 않는 내용이 나올 수 있다. 이 부분에 대해서 정확히 알고 싶으면, 전치사구(Prepositional Phrases), 형용사구(Adjective Phrases), 동격어(Appositives)를 집중적으로 공부하는 것을 추천한다.

예문

① 말의 흐름

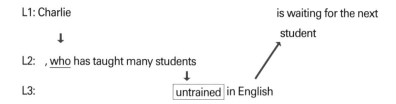

L1: Charlie .... is waiting for the next
↓ .... student

L2:   , who has taught many students
↓

L3: .... untrained in English

② 정리된 표현

Charlie, a teacher who has taught many students capable of speaking English without studying, is waiting for the next student.

찰리는 공부 없이 영어를 말할 수 있는 많은 학생들을 가르쳐 왔는데, 다음 수강생을 기다리고 있다.

연습 2

Line	Stage 1 + 2
1	
2	
3	

예문 1

① 말의 흐름

L1: I don't like fine dust

L2:   known for attacking the lung

L3:   that will weaken

② 정리된 표현

I don't like fine dust that causes many problems.

나는 많은 문제를 일으키는 미세 먼지를 좋아하지 않는다.

Fine dust, which weakens the lungs, will cause many problems for people with sensitive chests.

미세 먼지는 폐를 약화시키는데, 폐가 민감한 사람들에게 많은 문제를 일으킬 것이다.

Fine dust that weakens the lungs will cause many problems for people with sensitive chests.

폐를 약화시키는 미세 먼지는 폐가 민감한 사람들에게 많은 문제를 일으킬 것이다.

대화에서 마지막 말을 부연 설명하면서 계속 이어나가는 식으로 말하는 경우가 있다. 예문에서 'I don't like fine dust.(나는 미세 먼지가 싫어요.)'로 시작해서 미세 먼지가 더 심해질 것이다라는 식으로 내용을 연결해 말한 과정을 보여준 사례다. 실제로 우리가 회화할 때는 완벽한 문장보다는 의미상 연결해서 이런 순서로 말을 하기도 한다.

예문 2

① 말의 흐름

L1: Charlie likes to speak English

L2:   <u>based</u> on his knowledge

L3:   <u>is</u> the best resource

② 정리된 표현

~~(Charlie likes to speak)~~ English based on his/her own knowledge is the best resource.

자신의 지식을 활용한 영어가 가장 좋은 자료다.

Basing on the best resource of his knowledge, Charlie likes to speak English.

찰리는 자신의 지식이라는 최고의 자료에 기반해서 영어 말하기를 좋아한다.

차분히 생각하고 정리할 시간이 있다면 표현을 정리해서 간결하게 만들 수 있다. 글은 우리가 시간을 두고 몇 번이나 고칠 수 있기 때문에 글로 쓰는 문장이 완성도도 높다. 하지만 말로 할 때는 상대방이 아무리 시간을 많이 줘도 5초 내에는 답변해야 한다. 따라서 회화용 문장은 머릿속으로만 생각해서 빠르게 말하는 연습을 해야 한다. 영어로 말할 때 '문법'에 집중하는 순간 영어로 말을 편하게 하는 것은 불가능해진다. 생각의 흐름대로 문장을 하나씩 머릿속으로 생성하는 능력을 키우는 게 핵심이다.

연습 3

Line	Stage 1		
1			
2	that, who, which, where		
3		that, who, which, where	

예문 1

① 말의 흐름

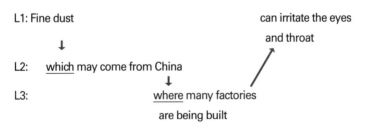

L1: Fine dust   can irritate the eyes
                                       and throat
          ↓
L2:   <u>which</u> may come from China
                          ↓
L3:   <u>where</u> many factories
               are being built

② 정리된 표현

Fine dust that may come from China's many factories can irritate the eyes and throat.

중국의 많은 공장들에서 오는 것일 수 있는 미세 먼지는 눈과 목을 자극할 수 있다.

Fine dust of possible Chinese origin can irritate the eyes and throat.

중국이 근원일 것 같은 미세 먼지는 눈과 목을 자극할 수 있다.

우리도 말하면서 살짝 옆으로 빠지는 듯하게 말하는 경우가 종종 있다. 하고 싶은 말의 핵심은 있는데 어떤 상황을 설명하다 보니 주제에서 벗어나는 것이다. 그러다가 정신 차려서 원래 하고 싶은 말로 돌아온다는 느낌으로 말하면 된다.

예문 2

① 말의 흐름

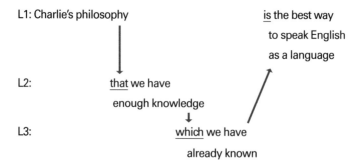

② 정리된 표현

Charlie's philosophy of using our own knowledge is one of the best ways to speak English as a language.

우리 자신의 지식을 이용하라는 찰리의 철학은 영어를 언어로서 말하는 가장 좋은 방법들 중의 하나다.

끝나지 않게 말을 계속 길게 하는 느낌의 상황이다. 어떤 상황을 길게 부연 설명할 때 한번쯤 사용하는 걸 추천한다. 만약 이런 유형의 문장을 편하게 말할 수 있다면 머릿속으로 영어로 문장을 만드는 훈련이 굉장히 잘되어 있는 것이다.

연습 4

Line	Stage 1		
1			
2	that, who, which, where		
3			that, who, which, where

예문 1

① 말의 흐름

L1: We want to breathe fresh air
↓
L2:   <u>that</u> is necessary to live in Korea
↓
L3:   <u>where</u> many cities
are in air pollution

② 정리된 표현

We want to breathe fresh air necessary for living in Korea despite the high pollution levels of cities, cities whose citizens worry every single day.

공기 오염이 심한 도시들에도 불구하고, 우리는 한국에서 건강한 삶을 살기 위해 필요한 깨끗한 공기를 원하는데, 이 도시들에서는 시민들이 매일매일 걱정한다.

예문 2

① 말의 흐름

L1: Charlie wants to know many Korean
↓
L2:   who like to talk
                                      their own stories
                                              ↓
L3:   that is useful English
                                                    speaking material

② 정리된 표현

Charlie wants to know many Koreans who like sharing their own stories, which are useful materials for English speaking.

찰리는 자신들의 이야기를 나누길 좋아하는 많은 한국인들을 알고 싶어 하는데, 그 이야기들은 영어 말하기에 유용한 자료들이다.

Charlie wants to know many Koreans fond of sharing their own stories, stories that serve as useful materials for English practice.

찰리는 자신들의 이야기를 나누길 좋아하는 많은 한국인들을 알고 싶어 하는데, 그 이야기들은 영어 연습에 유용한 자료로 쓰인다.

연습 5

Line	Stage 1				
1	▨		▨		
2	▨			▨	
3		▨			▨

예문 1

① 말의 흐름

L1: Children   need to
      ↓   ↑ breathe fresh air
         ↓
L2:   who love   that is necessary
     outgoing   to live in Korea
     activities   ↓
      ↓
L3:   that make   where many cities
    them healthy   have air pollution

말의 흐름을 이해하기 위해 정리된 표현의 문장 1-1과 1-2를 합쳐서 만든 예시다.

② 정리된 표현

문장 1-1: Children need to breathe fresh air necessary for living in Korea, where many cities have high air pollution.

아이들은 살기 위해 깨끗한 공기를 마실 필요가 있는데, 한국의 많은 도시들은 공기 오염이 심하다.

문장 1−2: Children who love outgoing activities will feel healthy.

야외 활동을 좋아하는 아이들은 건강해지는 기분이 들 것이다.

문장 2(긴 1문장): Children desirous of outgoing activities that promote health need to breathe clean air necessary for living in Korea, a country where many cities have air pollution.

건강을 증진시키기 위해 야외 활동을 원하는 아이들은 한국에서 사는 데 필요한 깨끗한 공기를 마실 필요가 있는데, 이 나라에서는 많은 도시들의 공기가 오염되어 있다.

말의 흐름에 나온 예시는 문장 2개(문장 1-1 + 1-2)를 합쳐서 만든 것으로, 현실적으로 이런 문장으로 말하는 사람은 없지만 영어로 생각해서 말하는 훈련을 하기에는 좋다. 암기 문장 100개를 말하는 것보다 스스로 아는 단어를 활용해서 문장을 만드는 것이 훨씬 힘들기에 그만큼의 가치가 있다.

예문 2

① 말의 흐름

말의 흐름을 이해하기 위해 정리된 표현의 문장 1−1과 1−2를 합쳐서 만든 예시다.

② 정리된 표현

문장 1-1: Korean students who want to escape from South Korea study English.

한국에서 탈출하고 싶어 하는 한국 학생들이 영어를 공부한다.

문장 1-2: Korean students who study English only for examination scores will have different proficiency levels from speakers.

오직 시험 성적만을 위해 영어를 공부하는 한국 학생들은 실제 화자들과는 숙련도의 수준이 다르다.

문장 2(긴 1문장): Korean students discerning on escaping from Korea, a country with a cutthroat culture, study English for the chance of test scores that emphasize higher proficiency levels than the scores of other learners.

한국을 탈출하려고 심각하게 생각하고 있는 학생들은, 한국은 치열한 경쟁 문화가 있는 나라로, 다른 학습자들의 점수에 비해 높은 숙련도를 중요시하는 시험 점수를 얻기 위해 영어를 공부한다.

이 내용은 머릿속에 잠시 잊혀져 있던 영어 단어를 집중적으로 기억하는 훈련이기도 하다. 처음에는 블록 하나를 완성하기 위해 1시간이 걸릴 수도 있다. 머릿속이 계속 백지 상태이기 때문이다. 처음 더듬더듬 말하는 것에서 시작해서 한 문장을 완성해 15초 이내로 말할 수 있게 될 때까지 반복 연습한다. 숙달되면 10초 이내로도 말하기가 가능해진다. 그 상태에서 4장에 나오는 영어 목소리를 입히면서 연습해야 한다. 이 훈련을 하면 어떤 영어 말하기 훈련보다 짧은 시간에 큰 효과를 볼 수 있다.

이 연습을 할 때는 반드시 머릿속으로만 생각해야 한다. 종이와 펜을 드는 순간 머릿속에서는 말하기 영역이 아니라 공부(학습)의 영역이 활성화된다. 머릿속으로만 생각해서 만들다 보니 방금 말한 단어도 잊어버릴 수 있다. 하지만 그 단어를 다시 생각하는 과정을 여러 번 겪으면서 영어 단어를 문장으로 만드는 힘을 기르게 되는 것이다.

입에서 영어 문장이 빨리 안 나오는 경우

1단계: Stage 1, Stage 2, Stage 3 유형대로 각각 문장을 만든다.

2단계: Stage 1 + Stage 2 / Stage 1 + Stage 3 / Stage 2 + Stage 3처럼, 단계를 결합해서 문장을 만든다.

3단계: 마지막으로 Stage 1 + Stage 2 + Stage 3을 연습해야 한다.

이 과정이 익숙해진 사람들은 자연스럽게 Stage 1 + Stage 1 + Stage 2 / Stage 1 + Stage 1 + Stage 3 / Stage 2 + Stage 2 + Stage 3 / Stage 3 + Stage 3 + Stage 1의 문장을 만들어 응용할 수 있다.

지금까지 수강생들의 영어 말하기를 분석해 본 결과, 내가 개발한 Stage를 이용하여 약 10개 정도의 문장구조만 사용한다. 문장구조는 이론적으로 경우의 수가 3×3×3=27개이다. 이 중에서 실제 회화에 사용하는 것은 10개 정도밖에 안 된다. 이미지 트레이닝을 하며 머릿속에서 암산하는 느낌으로 영어 문장을 블록처럼 조립하는 훈련을 꾸준히 한다면 영어로 문장이 생각나지 않아서 말을 빨리 할 수 없는 문제를 해결할 수 있다.

Stage를 활용한 연습 방법은 입체적으로 생각해서 영어로 말할 수 있는 '사고력'과 영어 문장을 바로 만들려는 '순발력'을 기르기 위한 것이다. 머릿속으로는 알지만 말하지 못하는 단어와 문장 만드는 능력을 뽑아낼 수 있는 아주 쉽고 좋은 훈련법이다. 이 훈련이 익숙해진 후에는 본격적으로 영어 말하기 실력을 기르기 위해 많은 사람과 대화해야 한다.

추후에 대화를 할 때는 전치사구, 형용사구, 동격어와 제한적 용법, 계속적/비제한적 용법을 연습하면서 영어 말하기 실력을 본격적으로 키울 수 있다

머릿속에
영어 말하기 용량을
키워라

오디오 파일을 들으며 다음 문장을 예상하는 훈련을 하자

드라마를 볼 때 대사를 일부 듣거나 한 장면을 보면 다음 내용이 어느 정도 연상된다. 이 논리를 영어에 그대로 적용하면, 영어 문장을 말하면서 그다음 문장이나 말할 내용을 빠르게 생각할 수 있다. 영어로 말하면서 말하고 있는 주제가 아니라 딴생각도 할 수 있는 여유도 생긴다. 그만큼 영어로 말하는 게 편해진다. 이 방법의 핵심은 '레고 블록처럼 영어 문장 조립하기'와 유사하다. 머릿속으로 영어 문장을 예측하는 훈련이기 때문에 많은 생각을 해야 한다. 어떤 사람들은 '레고 블록처럼 영어 문장 조립하기'보다 이 훈련을 먼저 하는 것이 더 쉽다고 한다. 하지만 일반적으로는 '레고 블록처럼 영어 문장 조립하기'를 어느 정도 제대로 할 수 있어야 이 훈련을 하기 쉽다. 지금 말하고 있는 문장도 생각이 안 나는데, 그다음 문장을 완성할 수는 없기 때문이다. 이 연습을 하면 영어로 말할 때 말할 문장이 생각나지 않아서 헤매는 상황을 해결할 수 있다.

영어 문장을 예측하는 훈련을 할 때는 텍스트와 오디오 파일(음원)로 연습하는 방법을 추천한다. 인터넷 기사를 직접 보고 스스로 쉽다고 판단한 인터넷 기사를 오디오 파일로 들으면서 훈련하는 게 좋다. 인터넷에는 영어 자료가 이미 넘칠 지경으로 많지만, 좋은 학습 자료를 찾는 것도 중요하다. 나는 수많은 자료 중에서 VOA를 추천한다. Voice of America(VOA)는 미국 정부가 전 세계의 청취자를 향해 방송·운영하는 국제방송으로, 여기서는 다양한 영어 학습자료를 찾을 수 있다. 특히 VOA에서 제공하는 Learning English(https://learningenglish.voanews.com/)를 추천한다. Learning English에서는 전문 성우의 오디오 파일과 스크립트를 무료로 얻을 수 있다. 이 사이트에는 영어 공부에 필요한 거의 모든 자료가 있다고 해도 과언이 아니다. 미국의 유명 신문사 사이트에도 좋은 기사가 많이 실려 있지만, 대부분 영어 말하기 연습을 하기에는 어려운 수준의 글이다. 나중에 영어로 충분히 편하게 말할 수 있을 때 난이도 높은 신문기사를 활용하는 게 좋고, 그 전에는 최대한 공부를 안 할수록 영어 실력이 빠르게 향상된다. 그리고 VOA의 기사 내용도 어려워하는 사람들도 분명히 있다. 그런 경우에는 자신이 좋아하는 주제를 검색해 찾아보자.

키워드로 검색하면 대부분의 관련 자료가 검색된다. 예를 들어 잠과 관련된 키워드 sleep을 입력해 보자. 검색 결과 중에 〈Ways We Sleep. Zzzzzz〉라는 흥미로운 기사가 있다. 이 기사를 클릭하면, 관련 내용과 오디오 파일(무료 다운로드 가능)이 있다. 이 기사에서는 잠에 관한 다양한 표현을 배울 수 있는데, 이 표현들을 알고 있으면 회화할 때 다양하게 표현할 수 있어서 좋다.

인터넷 페이지 상단의 Player에서 Play 버튼을 누르면, 아주 천천히 영어 문장을 읽어 주는 성우의 음성이 나온다. 개인차가 있어서 상대적으로 빠르게 들릴 수도 있으니 너무 실망하지 말자. 그리고 이 정도 속도의 음원을 계속 듣다 보면 느리게 들리는 날이 올 테니 의기소침해하지 않아도 된다. 노력하면 금방 귀에 익숙해진다.

VOA 활용법

VOA를 활용해 연습하는 방법은 다음과 같다.

첫째, 오디오 파일을 처음부터 끝까지 들어 보자. 오디오 파일을 들으면 이해가 되는 부분도 있고 안 되는 부분도 있을 것이다. 문장이 귀에 들어와서 바로 이해하는 사람이 있는가 하면 아는 단어만 간간히 들리는 사람도 있다. 오디오 파일을 들으라고 권하는 것은 딱 한 가지 이유 때문이다. 영어가 빠르지 않고 '느리다'라고 느끼기만 하면 된다.

영어는 정말 빠른 언어다. 한국어의 말하기 속도를 1이라고 할 때, 영어는 그 속도가 1.5배에 해당되는 것 같다(나의 주관적인 느낌이다). 그런데, VOA Learning English의 오디오 파일을 들으면 말의 속도가 그렇게 빠르지 않다. 참고로, 한국 사람들은 나이가 들수록 말의 속도가 느려진다. 20대가 말하는 속도를 1이라고 하면, 30대부터 느려지기 시작해서 60, 70대에는 젊은 시절보다 말하는 속도가 거의 절반 정도밖에 안 된다. 하지만 영어의 경우 (평균 20대 한국인의 말하기 속도와 비교할 때) 한국어 속도의 1.5배가 유지되는 것 같다. 외국 뉴스나 프로그램을 봐도 백발이 성성한 노인들의 말하는 속도가 결코 느리지 않다.

현재 나는 60대 이상이 주축이 되는 친목 모임에 참여하고 있는데, 모임 때마다 연배가 높아질수록 언어의 속도가 느리다고 느낀다. 일반적으로 나이를 먹더라도 여성은 말하기 속도를 유지하면서 의사표현을 하는 반면, 남성은 속도보다는 정확성에 집중하는 경향이 있는 것 같다. 다소 길게 설명을 했지만, 오디오 파일을 들으면서 영어가 '느리다'라고 느낀다면 이미 절반은 성공했다. 왜냐하면 심리적으로 안도감을 느낄 수 있기 때문이다.

둘째, 인터넷 기사를 읽어 보자. 여기서 읽는다는 것은, 텍스트를 읽고 단어를 찾아서 문장의 뜻을 충분히 이해하는 것을 말한다. 100퍼센트 다 이해하지 못해도 괜찮다. 글쓴이의 의도를 최대한 이해하면 된다. 여러 번 읽고 이해하면서 글의 주제, 핵심, 그동안 자신이 몰랐던 사실, 다른 사람에게 알려 주고 싶은 표현과 뜻을 알면 충분하다.

기사를 영어로 그대로 이해하는 것을 추천하지만, 한글로 먼저 번역하고 이해하는 게 편하다면 그렇게 해도 괜찮다. 내가 제시하는 영어 말하기 훈련을 하게 되면 생각하는 내용이 바로 영어로 떠오르는 쪽으로 생각의 흐름이 바뀌게 된다. 단 절대 종이에 단어의 뜻을 적으면서 이해하려고는 하지 말자. 모르는 단어가 나오면 인터넷이나 스마트폰으로 계속 '찾아야' 한다.

이제부터는 모르는 단어를 볼 때마다 '찾아야' 한다. 뜻을 메모하지 말라는 것이다. 대신 모르는 영어 단어를 모으자. 한 가지 팁을 드리면, 컴퓨터의 메모장, 카카오톡(나에게 보내기 기능) 등을 활용해서 모르는 단어를 모아 놓는다. 예를 들어 creepy, shut, snooze 등 영어 단어만 모은다. 단어 옆에 뜻은 적지 말아야 한다. 글의 전체 내용을 이해한 후에 나중에 단어의 의미를 연상하는 방법으로 단어를 습득해야 한다. 나무가 아니라 큰 숲을 먼저 봐야 하는 것이다.

셋째, 전문 성우의 음성을 들으면서, 다음 단어와 문장, 나아가 내용을 예측해야 한다. 예를 들어 기사 〈Ways We Sleep. Zzzzzz〉에서는 처음에 Words and Their Stories(매일 사용하는 일반 영어 표현을 알아보는 프로그램)를 간략하게 소개한 후에, 다음의 문장을 들려준다.

"Sleep. It's important to our mental and physical health."
잠. 우리의 정신 건강과 신체 건강에 중요합니다.

먼저 영어 문장을 읽고 의미를 '이해'하고 나서, 오디오 파일을 들을 때 바로 다음 단어를 먼저 예측해야 한다. "Sleep"이 나오고 나서, "Sleep"을 받아 It으로 문장이 시작되는 것을 예측하고, mental(정신) 다음에는 '정신'이 나왔으니 '신체(physical)'가 나올 거라고 예측해 보자. 물론 바로 예측하기는 쉽지 않다. 막연히 느낌만 가져도 된다. 이 방법에는 정답이란 없다. 조금이나마 오디오 파일을 들으며 다음에 나올 말을 어느 정도 예측할 수 있다면, 모두 정답이라고 할 수 있다. 사람에 따라 단어를 한 개 추측할 수도 있고, 어떤 내용이 나올 거라고 막연히 생각할 수도 있다. 괜찮다. 이 정도만으로 잘하고 있는 것이다. 이 연습을 통해 영어 문장을 만들 때, 다음 문장을 빠르게 만들 수 있는 속도와 문장을 떠올릴 수 있다.

항상 처음이 어렵다. 이 훈련 방법이 막연하게 여겨져 쉽게 포기할 수 있다. 하지만 꾸준히 연습하면 그 효과가 엄청나다. 기존에 했던 대로 영어를 공부하지 않아도, 영어 말하기 실력을 얻는 방법 중의 하나이기 때문이다.

영어를 배우기 위해 외국에 나가서 시간과 돈을 쓰기보다는, 혼자서 최대한 열심히 노력해 보고 자신감을 키우는 것이 성취감이 훨씬 더 높다. 그리고 직장인의 경우, 대학생들처럼 많은 시간을 투자해 해외로 나갈 수 없는 현실을 최대한 고려해야 한다. 지금 이 순간에도 스스로 변화할 생각 없이 환경이 나를 변화시키길 바라는 것은 '대치동에 가면 성적이 많이 오르고 좋은 학교 가겠지'라고 막연히 기대하는 것과 같다.

VOA 기사의 문장은 일반적으로 우리가 영어 공부할 때 참고하는 《뉴욕타임스》나 《월스트리트 저널》에 나오는 문장보다 훨씬 쉽다. VOA 기사를 읽고 이해한다면, 회화에서도 문장을 충분히 응용할 수 있다. 또한 VOA의 문장 수준으로만 말해도 하고 싶은 말을 다 할 수 있다. 어려운 영어보다는 쉬운 영어로 내 생각을 영어로 말하는 연습을 하자.

완전 초보자라면
먼저 질문하라

영어의 방향을 바꾸는 훈련, 질문 전문가가 되자

처음 영어 말하기를 하려고 할 때 가장 힘든 부분은 무엇일까? 그것은 바로 사고의 전환이다. 영어 단어를 몰라서 말을 못한다고 생각해서 영어 공부를 계속 하려고 노력한다. 하지만 첫 단추부터 잘못 채웠으니, 당연히 영어 말하기 실력은 늘지 않는다. 그렇다면 어떻게 해야 할까? 수십 번 강조하지만, 입을 이용해 영어로 말해야 한다! 그런데 어떻게 입을 이용해 영어로 말해야 하는지 모르는 사람이 많다.

영어로 입을 떼는 가장 쉽고 기초적인 방법은 '질문하기'다. 외국인이 옆을 지나갈 때 내게 말을 걸지 않을까 걱정했던 경우가 한번쯤은 다 있을 것이다. 외국인이 말을 걸 때 내가 못 알아들으면 창피하기 때문에 피하고 싶은 것이다. 그런데 누가 내게 영어로 어떤 내용을 물을지 알고 있다면 대답이 훨씬 편해지지 않을까? 만약 내가 상대방이 할 답변을 예상하고 있고 그 주제도 정할 수 있다면, 영어로 대화하는 게 훨씬 편할 것이다. 그래서 찾아낸 방법이 '질문하기'다.

내가 먼저 질문하면 상대방의 답변을 예측할 수 있다. 상대방이 '예' 또는 '아니요'로 대답하게 질문할 수도 있다. 상대방의 의도를 파악하기 가장 쉬운 방법이지만, 우리는 쉽게 시도하지 못했다. 그 이유는 간단하다. 말을 하면서 영어 말하기 실력을 늘려야 하는데, 계속 공부하고 배우고 외우려 했기 때문이다. 머리에서 영어가 나가야 하는데, 거꾸로 영어를 머릿속에 집어 넣는 훈련만 집중했다.

영어만 생각하면 머릿속이 하얘지고 아무 생각이 안 나는 사람에게는 간단한 질문을 하는 것만큼 효과적인 방법은 없다. 어려운 질문을 할 게 아니라, 이미 다 알고 있고 한 번쯤은 배운 내용들을 질문하라. 우리가 집중해야 하는 것은 이미 알고 있지만 말을 못하는 영역이다. 모르는 내용을 공부해서 말하는 것은 영어를 편하게 말할 수 있는 단계에서 해도 늦지 않다. 옳고 그름의 문제가 아니라 순서의 문제이다. 마치 우리가 잘 아는 덧셈, 뺄셈, 곱셈, 나눗셈을 상대방에게 설명하지도 못하면서 미분, 적분, 함수를 공부해서 남에게 알려 주려고 하는 것과 같다. 확실히 잘 아는 영역부터 영어로 이야기하자.

일반적인 질문하기

영어 초보자에게 가장 필요한 능력은 '질문하기 능력'이다. 어느 장소에 있든지 자신이 원하는 바를 얻기 위해 질문을 할 줄 알아야 한다. 하고 싶은 말은 그다음 순서다. 그런데 초보자들은 질문하기도 쉽지 않다. 초보자들을 위해 몇 가지 핵심 규칙만 정리했다.

질문하는 유형은 크게 2가지로 구분된다. 첫째, be동사를 활용한 질문이다. 둘째, do동사/조동사를 활용한 질문이다. 이렇게 설명하면 헷갈리기 때문에 나는 숫자를 활용한다. 다음 표에서 숫자는 일종의 문장성분을 의미한다. 1번은 주어, 2번은 be동사, 3번은 do동사, 4번은 Who, What, When, Where, Why, Which, How로 되어 있다. 이미 다 알고 있는 내용이므로 추가로 공부할 필요도 없다. 10분 이내로 방법을 익힐 수 있을 정도로 간단하다.

| 숫자로 질문하기 |

숫자	문장성분	예
1	주어	I / you / he / she / it / we / tree
2	be동사	is / am / are / was / were
3	do동사/ 조동사	do / does / did can / could / will / would / shall / should / may / might
4	5W1H	When / Where / How / What / Why / Which
4+		What time / How much

[21 질문]은 〈2+1+하고 싶은 말〉로 구성된다. 동사에 -ed/-ing을 붙여서 질문하는 방법과 형용사를 이용하는 방법이 있다.

Are you tired? = Are(2) + you(1) + tired(-ed 형태)?

Is he studying? = Is(2) + he(1) + studying(-ing 형태)?

Are you happy? = Are(2) + you(1) + happy(형용사)?

너 피곤하니? | 그는 공부하고 있나요? | 너는 행복하니?

여기에 자세히 질문하고 싶으면, 〈4+2+1+하고 싶은 말〉처럼 앞에 4번만 붙이면 된다. [21 질문]에 4번을 붙이는 방법은 다음의 표를 참고한다(같은 줄에 있는 단어를 조합하는 것이 아니라, 4번, 2번, 1번에 해당하는 단어 중에서 선택해야 한다).

| 상태·상황·성격 등 질문하기 |

4	+	2	1	하고 싶은 말 (-ed / -ing / 형용사)
who			I	
where		am	he	happy
when		are	she	hungry
what		is	we	eat
how	many / much / long	was	you	think
which		were	Charlie	wait
why			sky	

Why are you tired? = Why + (are you tired)?

Where is he studying? = Where + (is he studying)?

When are you happy? = When + (are you happy)?

너는 왜 피곤하니? | 그는 어디서 공부하고 있니? | 너는 언제 행복해?

물론 4번에 해당되는 5W1H이 문법적으로 맞더라도 의미가 통하지 않는 경우가 있다. 예를 들어 "How are you tired?" "Who is he studying?" "Why are you happy?"처럼, 4번에 해당하는 자리라 할지라도 의미상으로 맞지 않으면 쓰지 않아야 한다. 입으로 직접 말하면서 의미에 맞는 질문을 찾아가야 된다. 여기서 자신의 언어 능력을 확인해 볼 수 있다. 의미가 맞지 않는 문장은 직접 입으로 말하고 읽어 보면서 깨달을 수 있다.

[31 질문] 스타일은 <3+1+하고 싶은 말>로 구성된다. 문장구조는 동일하지만, 하고 싶은 말에는 '동사원형'을 쓴다. 주로 사실과 관련된 질문을 할 때 쓴다. 설명보다는 문장으로 이해하는 것이 훨씬 쉽다.

Do you have dinner?

= Do(3) + you(1) + have dinner(하고 싶은 말)?

Will you study?

= Will(3) + you(1) + study(하고 싶은 말)?

Does he like cheese?

= Does(3) + he(1) + like cheese(하고 싶은 말)?

너 저녁 먹니? | 너는 공부할 거야? | 그는 치즈를 좋아해?

여기에 자세한 질문을 하고 싶으면 4번을 붙이면 된다. [31 질문]에 4번을 붙이는 방법은 다음의 표를 참고한다(같은 줄에 있는 단어를 조합하는 것이 아니라, 4번, 2번, 1번에 해당하는 단어 중에서 선택해야 한다).

4		2	1	하고 싶은 말 (동사원형)
who				
where		do	I	like
when		does	he	do
what	subject / time	did	she	finish
how	many / much / long		we	eat
		will	you	think
which		can	Charlie	buy
		should	sky	
why				

When do you have dinner? = When + (do you have dinner)?

Why will you study? = Why + (will you study)?

Why does he like cheese? = Why + (does he like cheese)?

너는 언제 저녁 먹을 거야? | 너는 왜 공부할 거야? | 그는 왜 치즈를 좋아해?

이 연습을 할 때 가장 중요한 것은 [421 질문], [431 질문]처럼 머릿속으로 질문하기 틀을 생각한 후에 단어를 생각해서 끼워 맞추는 방법으로 영어 문장을 만들어야 한다는 것이다. 한 문장을 만들더라도 반드시 숫자에 해당하는 문장구조를 생각하고 단어를 찾는 훈련을 해야 한다. 문장 위주로 연습을 하다 보면, 암기된 문장이 아니면 즉흥적으로 질문을 할 수 없다.

영어 말하기
문장구조를 찾아라

상담을 하다 보면, 스스로 영어회화를 조금 할 줄 안다고 생각하는 (실제로는 훨씬 더 잘하는) 사람들의 대다수는 문법적으로 완벽히 맞는 문장으로 말하고 싶어 한다. 이런 경우에는 영어 교재나 문법 책보다는 어떤 문장이 어떻게 쓰이는지 실제로 보면서 실력을 키워야 한다.

나는 단순하고 직관적인 학습 방법을 좋아하기 때문에, 생각해 낸 것이 색을 활용한 방법이다. 문장에서 구조와 관련 있는 부분을 색으로 칠하는 것이다. 주로 워드 프로그램에서 글자색을 다른 색으로 바꾸는 게 좋다. 군이 종이에 펜으로 표시할 필요도 없다.

VOA, 신문기사 등에서 문장구조 찾기

대부분의 사람들이 고등학교 때까지는 영어 단어와 숙어를 잔뜩 외운다. 대학생이 되어서는 추가적으로 영어 문장을 외운다. 그러다가 취업할 무렵이 되면 여러 문장을 통째로 외운다. 이렇게 계속 외우면서 영어 말하기 실력을 키우려고 하지만, 정작 어떻게 활용하는지는 배우지 못한다. 우리 노력이 모두 헛된 것은 아니다. 학구파이거나 영어 공부를 많이 한 수강생들은 영어 문장구조를 색으로 표시한 자료로 하는 수업을 선호한다. 그렇게 해야 뭔가 공부했다는 느낌이 든다고 한다.

형광펜으로 칠하듯 색을 활용한 공부 방법은 의외로 단순하다. 기사에서 우리가 아는 숙어, 문장 표현, 익히고 싶은 표현을 모두 (자신이 원하는) 색으로 표시하자. 그리고 실제 문장에서 어떻게 활용하는지 영어 문장을 최대한 빠르게 읽으면서 익혀 보자. 의미가 자연스럽게 떠오를 때까지 빠르게 읽으면서 익혀야 한다.

예를 들어 VOA에서 〈Can Better Clothes Make You More Money?〉를 찾아서 문장구조를 색으로 표시하면 다음과 같다.

American English **has** many expressions **related to** clothes. Two of the more common ones are: "Dress for the job you want, not for the job you have"; and, simply, "Dress for success."

미국 영어에서는 옷에 관한 많은 표현이 있습니다. 훨씬 흔한 표현들 중의 두 개는 "현재 직업이 아니라 원하는 직업에 맞춰 옷을 입어라"이고, 간단하게는 "성공을 위해 옷을 입어라"입니다.

출처: "Can Better Clothes Make You More Money?(https://learningenglish.voanews.com/a/health-lifestyle-can-better-clothes-make-you-more-money/3921610.html)"

먼저 related to(~와 관계 있는)는 학교 때 많이 배운 표현이다. 이 표현이 주는 느낌을 생각하면서 문장을 읽어야 한다. 단순히 텍스트(글)로 읽는다면, 그 의미를 명확히 이해할 수 없기 때문이다.

아무 이유 없이 숙어를 색으로 표시하는 게 아니다. 동사와 함께 같이 익히는 것을 추천한다. has에도 추가로 색으로 표시한다. 그리고 has + related to를 활용한 문장을 머릿속으로 생각하면서 가사를 바꿔서 노래를 부르듯이 영어 문장을 만들어 연습하는 것이 좋다. 영어 문장이 바로 생각나지 않는 것은 당연하다. 그럴 때는 알고 있는 단어를 머릿속으로 생각해서 문장을 만들어도 된다.

다음 예문처럼 기본적으로 색 부분(has ~ related to)은 그대로 두고, 나머지 단어들을 바꿔서 영어 문장을 만드는 훈련을 한다.

American English **has** many expressions **related to** sleep.
미국 영어에는 잠과 관련된 많은 표현이 있다.

영어 초보자의 경우, 만든 문장을 스스로 분석하거나 평가하지 않아야 한다(영어 초보자라기보다는, 영어로 바로 말이 안 나오는 경우라고 보는 게 더 정확하다). 연습 자체만으로 이미 실력을 올리고 있는 중이다. 그리고 연습할 때보다는 실전에서 잘하면 된다. 심지어 내용이 조금 이상해도 괜찮다.

American English **has** a banana **related to** music.
미국 영어에는 음악과 관련된 바나나가 있다.

도대체 무슨 말인가 싶을 정도로 의미가 전혀 안 맞지만, 연습용이 라면 괜찮다. 다행스럽게도 저마다 갖고 있는 언어 능력으로 의미가 통 하는 영어 문장을 스스로 생각해 내게 된다. 처음에는 쉽지 않지만 모 든 사람이 할 수 있다. 바나나가 나온 예문의 경우에는 내용이 이상하 다고 스스로 느낄 것이다. 영어를 언어로 익히는 과정이다. 문법을 고 민하는 것이 아니라, 내용이나 논리 등 텍스트가 전달하려는 맥락을 이 해하는 언어적 기능을 자신도 모르게 사용하고 있는 것이다. 이 언어적 기능을 강화해야 영어에 대한 심리적인 두려움을 극복할 수 있고, 영어 를 한국어처럼 편하게 생각해서 말할 수 있다.

영어로 문장을 만들 수 있다면, 자연스럽게 상대적으로 의미가 통 하도록 문장을 만들 것이다. 예를 들면 주어를 바꾸면서 말이다.

Elizabeth **has** a banana **related to** music.

엘리자베스에게는 음악과 관련된 바나나가 있다.

또는 문장의 중간에 다른 단어를 써서 바꾸는 방법도 있다. 색으로 표시된 부분 이외의 어떤 단어를 바꾸든 의미가 어느 정도 통하게 하면 된다.

American English **has** expressions **related to** music.

미국 영어에는 음악과 관련된 표현들이 있다.

이제까지의 글을 읽으면서, 영어 초보자와 그렇지 않은 사람을 나누는 기준을 한 가지 발견할 수 있을 것이다. 그것은 언어의 자정 작용이다. 만약 스스로 영어 초보자라고 느낀다면, 영어 문장의 의미가 맞든 안 맞든 '색 문장구조'를 활용해서 영어 문장을 빠르게 생각해서 만들어야 한다. 영어 초보자가 아니라면, 문장의 내용까지 고려해서 영어 문장을 머릿속으로 빠르게 만든다.

참고로 내가 생각하는 영어 말하기 실력과 문장력은 '효율적인 말/문장'을 의미한다. 굳이 구분을 하면, 비즈니스 영어에 가깝다. 비즈니스 영어에서는 informal English(구어체 영어)와 formal English(격식 차린 영어)를 함께 쓰고, 생활 영어에서는 informal English의 느낌이 있으며 슬랭(속어)도 조금 사용한다. 외국인으로서 영어 실력을 향상시키려면 비즈니스 영어를 배우는 것이 가장 쉽고 빠르다. 생활 영어에는 문화적인 내용을 이해해야 알 수 있는 표현이 많기 때문에 말하기를 배우는 시간보다 서양 문화를 이해하는 데 아주 많은 시간과 노력이 필요하다. 그래서 정작 영어 말하기를 배우는 것이 아니라 서양 실생활을 공부(?)하고 있게 된다. 하지만 영어 말하기를 배우려는 많은 사람들의 생각과 다르게, 비즈니스 영어는 어느 정도 표준화되어 있어서 비즈니스 영어를 배우는 게 가장 쉽고 빠르게 실력을 늘릴 수 있다. 일단 비즈니스 영어를 먼저 하고 그다음에 생활 영어를 연습하는 게 더 효율적이라고 생각한다.

영어를 한국어로 공부하면 안 되는 이유

앞서 예로 든 'related to' 표현에는 '~와 관련 있는, ~와 관계가 있는, ~을 이해하는, ~을 공감하는' 등 여러 뜻이 있다. 일일이 상황에 맞게 외워서 사용하는 것은 불가능하다. 기존의 영어 공부 방법은 단어 뜻을 찾아 상황에 맞춰 번역해서 영어 문장의 의미를 이해하려는 것이다. 영어를 있는 그대로가 아니라 한국어로 가공해서 이해하려고 하는 방법이다.

하지만 영어를 언어로 사용하는 능력을 기르려면, 먼저 영어 문장의 의도 및 의미만 대략적으로 파악하고, 영어 문장을 반복하며 읽으면서 어떤 느낌인지를 머릿속으로 찾으려고 노력해야 한다. 당연히 한 번 시도해서는 익히기 어렵다. 여러 번 영어 문장을 읽으면서 의미와 의도를 파악해야 영어를 한국어처럼 편하게 사용할 수 있다.

만약 단어의 뜻을 알 수 없거나 의미를 헷갈린다면, 영영사전에서 찾아 영어로 읽고 이해하는 방법을 추천한다. 다음 3개의 사전 사이트를 추천한다.

Dictionary.com(https://www.dictionary.com/)

Cambridge Dictionary(https://dictionary.cambridge.org/)

Merriam-Webster Dictionary(https://www.merriam-webster.com/)

더 자세히 의미를 이해하고 싶으면, 유의어 사전을 활용해도 된다. 번역을 하거나 교정을 목적으로 하는 경우가 아니라면 굳이 추천하지는 않는다. 더 많이 찾으려고 할수록 스트레스를 더 받는다. 나 자신을 포함해, 대부분의 일반 사람들에게는 최대 스트레스 허용치가 영영사전까지인 것 같다. 더 찾고 싶은 사람을 위해, 유의어 사전으로는 Thesaurus.com(https://www.thesaurus.com/)을 추천한다.

한발 더 나아가 문장을 만들 때 시간을 재거나 자신의 음성을 직접 녹음하면서 긴장감을 주는 방법을 이용할 수 있다. 하지만 스스로를 믿지 못하거나 혼자서는 도저히 오래 못하기 때문에 포기하는 경우가 많다. 그래서 대화를 잘 이끌고 조율할 수 있는 사람과 같이 하는 게 좋다.

당장 어학 시험에서 점수를 취득해야 하는 사람이라면 가능하지 않은 방법이다. 시험을 준비하려면 수많은 단어와 문장을 암기해야 하기 때문이다. 그런 이유에서 한국에서 영어 실력을 늘리는 방법과 영어 시험 점수 따는 방법은 전혀 다른 영역이다.

영어를 편하게 말하려면 영어를 편하게 생각할 수 있어야 한다. 그러기 위해서는 영어의 느낌을 이해하는 것이 중요하다. 한국어로 이해해서 영어를 이해하는 건 먼 길로 돌아서 가는 것과 같다. 게다가 돌아서 간다고 해서 목적지에 반드시 도착한다는 보장도 없다. 처음에 조금 시간이 걸릴지라도 영어 그 자체로 이해하면서 실력을 키우는 방법을 연습해야 한다.

동영상에서 영어 말하기 문장구조를 찾아라

인터넷에는 영어 공부 자료가 차고 넘친다. 특히 유튜브에는 이 세상의 궁금증을 다 해결할 수 있을 것처럼 엄청나게 많은 영상들이 있다. 여기서 관심 있는 주제의 동영상을 골라서 활용하는 방법을 소개한다.

유튜브에서 동영상을 고를 때는 다음의 기준에 따라 선정하자.

첫째, 자신이 정말 좋아하거나 관심 있는 주제를 고른다.

둘째, 반드시 공식적으로 자막이 제공되는 영상을 선정한다. 자동인식 스크립트를 이용한 동영상보다는 동영상 제작자가 검토해서 올린 자막이 영어 말하기 연습에 더 유용하다. 개인 제작자보다는 회사 소속의 전문 에디터가 검토하고 편집한 자막이 나오는 동영상이 좋다.

마지막으로 동영상에 자신이 배우고 싶은 목소리나 멋지다고 생각하는 목소리의 인물이 나오는 동영상을 선정한다.

나는 유튜브에서 〈Why Care About Internet Privacy?〉라는 제목의 동영상을 많이 활용한다. 이 동영상에 나오는 여성의 목소리는 하이톤이기 때문에 발음이나 인토네이션을 연습하기 좋고, 남성의 목소리는 굵기 때문에 영어 말하기 연습용으로 좋다. 이 동영상에서 일부 대사를 발췌해 문장구조에 색을 칠해 보자.

I heard a saying that, "**if you are not** paying for the product, then **you are** the product."

만약 당신이 제품을 구매하는 게 아니라면, 당신이 제품이 된다는 말을 들었어요.

출처: "Why Care About Internet Privacy?(https://www.youtube.com)"

인터넷 보안을 설명하는 동영상이다. (주로 IT업체들을 일컫는데) 제품을 사지 않고 무료로 이용하면 자신의 개인정보를 그 대가로 제공하는 결과(즉 제품)가 된다는 말이다. 동영상을 전체 다 보면 왜 이런 취지의 말을 했는지 이해할 수 있다.

이 문장에서 색으로 칠할 부분은 if you are not과 you are이다(여기서 색은 주관적으로 정한 것이다). if you are not과 you are을 제외한 단어를 바꿔 가면서 새롭게 문장을 만드는 연습을 해보자.

If you are not waiting for a miracle, then **you are** the unbeliever.
당신이 기적을 기다리고 있지 않다면, 당신은 믿지 않는 사람이다.

If you are not a part of the solution, then **you are** a part of the problem.
당신이 해결책의 일부분이 아니라면, 당신은 문제의 일부분이다.

워드 프로그램에서 '복사/붙여넣기'를 한 것처럼, 동영상 문장의 스타일을 한번씩 그대로 사용해 보는 것도 좋다. 처음에는 좀 어려울 수 있지만, 동영상을 통해 다양한 표현들을 배울 수 있다.

전치사를 활용한 문장 스타일 익히기

단어를 몰라서 영어로 말을 못하는 사람에게 가장 효과적인 방법이 있다. 바로 전치사를 이용해서 영어 문장을 만드는 훈련을 하는 것이다. 전치사는 길이도 짧고 많이 봐서 눈에 익숙하기 때문에 심리적으로도 접근하기 쉽다.

전치사 to는 방향성을 나타내는 의미뿐만 아니라 because의 의미로 많이 쓰인다.

I go to the English café to meet with Charlie every Monday.
나는 매주 월요일에 찰리와 만나러 영어 카페에 간다.

go 뒤의 to가 방향성을 나타낸다면, cafe 뒤의 to는 because와 유사하다. 이 문장에서 색 부분인 to, to를 그대로 둔 채 단어를 바꿔서 문장을 만드는 훈련을 한다.

He went to Seocho District Office to get a passport.
그는 여권을 가지러 서초구청에 갔다.

가능하면 색 부분만 유지한 채 단어를 바꾸면서 문장을 스스로 만들어야 한다. 문장을 만들 때는 반드시 머릿속으로만 생각해야 한다. 영어로 말하기 위해서는 머릿속에서 바로 생각이 떠올라야 말이 되어 나온다. 종이에 써서 문장을 생각하고 고민하는 그 시간은 영어 말하기에 전혀 도움이 안 된다는 사실을 명심하자.

전치사 for를 활용해서 다음과 같이 문장을 만들 수 있다. "I'm waiting for you."라는 기본 문장에서 for를 그대로 둔 채, 문장을 바꿀 수 있고 앞서 나온 질문하기 방법을 활용할 수도 있다.

I'm waiting for you. 나는 너를 기다리는 중이야.

→ **This is a present for you.** [문장 바꾸기]

이 선물은 너를 위한 거야.

→ **Why is she waiting for you?** [421 질문]

그녀가 왜 너를 기다리고 있어?

한국식 영어 말하기 스타일을 교정하자

한국식 영어 문장을 바꾸고 싶어 하는 사람들이 많다. 원어민처럼 자연스러운 영어를 쓰고 싶은 것이다. 굳이 원어민처럼 표현해야 하나 싶기도 하지만, 한국의 정서를 반영한 영어와, 영어를 모국어로 하는 국가의 정서를 반영하는 영어 표현을 모두 알면 도움이 된다.

today, tomorrow 등은 가능하면 영어 문장의 뒤에 쓰는 게 좋다. 우리말로는 "내일 나 영어 학원에 갈 거야"라고 말하기 때문에, "Tomorrow I will go to the English Academy."라고 말한다. 하지만 이왕이면 "I will go to the English Academy tomorrow."라고 tomorrow를 뒤에 말하는 게 좋다. 그리고 문장 스타일을 교정하자면, "I have English class tomorrow.(나 내일 영어 수업 있어.)"라고 말해도 좋다. 우리는 학원 가는 데 의미를 부여하지만, 영어에서는 수업이 있다고 말하는 게 자연스럽다. 두 개의 스타일 중에서 자신에게 편한 스타일로 쓰면 된다고 생각한다. 어차피 언어는 문화를 담고 있으니, 한국 사람이 원어민의 문화를 다 이해하거나 억지로 흉내 내는 것이 그렇게 중요한지 의구심이 들기 때문이다. 이 사례는 이 글을 읽는 독자 누구라도 쉽게 이해할 수 있다. 이미 알고 있는 내용일 수도 있지만, 막상 영어로 말할 때는 바로 말하기 힘들다.

although를 활용한 문장을 만들려고 할 때 대부분의 사람들이 십중팔구 although를 먼저 말하고 문장을 말한다.

Although he is a billionaire, he still lives in a small house.
억만장자임에도 불구하고, 그는 여전히 작은 집에서 산다.

although를 먼저 써도 틀린 문장은 아니다. 중간에 although를 말해도 된다. "He still lives in a small house, although he is a billionaire. (그는 여전히 작은 집에 살지만, 억만장자다.)"라고 하면, 의미는 같지만, 말할 때 영어 문장을 만드는 사고의 유연성을 기를 수 있다. 작은 차이지만, 쉽게 바꾸기 힘든 습관이다. 어떻게 생각하면, 우리는 영어 문장을 생각할 때 획일화된 문장만 떠올리는 습관이 있어서, 말을 할 때도 획일화된 문장만 쓰려고 한다. 영어로 말할 때 어떤 단어를 사용할지 고민도 해야 하지만, 가끔은 어떤 내용을 먼저 말할지 고민하는 것도 영어 말하기 실력을 키우는 방법 중 하나다.

한국인이 많이 쓰는 문장구조 10

1. 기본 문장: Stage 1-A

Line	Stage 1-A	
1	Charlie needs speakers	
2		who can think about English sentences without studying
3		

Charlie needs speakers who can think about English sentences without studying.

찰리는 공부 없이 영어 문장을 생각할 수 있는 화자들이 필요하다.

2. 앞 부분을 설명한다: Stage 1-B

Line	Stage 1-B		
1	English,		is easy to learn
2	which is a useful language		
3			

English, which is a useful language, is easy to learn.

영어는 유용한 언어로 배우기 쉽다.

콤마 이후에 나오는 관계사절(계속적/비제한적 용법)은 문장에 부가적인 내용이므로 관계사절이 없어도 의미가 통한다. 따라서 회화에서는 콤마로 문장의 의미를 표현하는 것이 아니라, 말하는 중간에 악센트를 주거나, 살짝 생각하는 시간을 두는 방법으로 처리하면 된다.

3. 연습용으로 최고의 문장: Stage 1-B → Stage 1-A

Line	Stage 1-B → Stage 1-A		
1	English,	is easy to learn in Korea,	
2	which is a useful language		where all people want to speak the language
3			

English, which is a useful language, is easy to learn in Korea, where all people want to speak the language.

유용한 언어인 영어는 한국에서 배우기 쉬운데, 한국에서는 모든 사람이 그 언어를 말하고 싶어 한다.

간단하지만 쉽지 않은 문장으로, 연습에 최적화된 문장이다. 하루에 1문장씩 연습하는 게 좋다.

4. 기본 문장: Stage 2-A

Line	Stage 2-A		
1	I watched a plane		
2		flying	away
3			

I watched a plane flying away.

나는 비행기가 한 대 날아서 가는 것을 보았다.

5. 기본 문장: Stage 2-A

Line	Stage 2-A		
1	I'm going to buy a robot		
2		controlled	by Artificial Intelligence
3			

I'm going to buy a robot controlled by Artificial Intelligence.

나는 인공 지능에 의해 제어되는 로봇을 한 대 살 것이다.

6. 앞에서 설명한다: Stage 2-B

Line	Stage 2-B
1	answers are true
2	All existing
3	

All existing answers are true.

모든 존재하는 대답은 진실이다.

앞 부분에 Stage 2를 적용한 후에 are(be동사)만 간단하게 나오는 구조로, 전체적인 틀은 기본 형태인 Stage 2-A와 동일하다.

7. 앞에서 설명한다: Stage 2-B

Line	Stage 2-B
1	water before you go to bed may not be the best thing to do
2	Drinking
3	

Drinking water before you go to bed may not be the best thing to do.

자기 전에 물을 마시는 것은 하기에 최상의 일이 아닐 수 있다.

조동사 may 등을 활용한 문장으로, Stage 2-B의 형태다.

8. 기본 문장: Stage 3(일반동사+be동사)

Line	Stage 3	
1	Charlie thinks	
2		the studying is not the best way of speaking English
3		

Charlie thinks the studying is not the best way of speaking English.

찰리는 공부가 영어를 말하는 최상의 방법이 아니라고 생각한다.

동사가 2개(일반동사, be 동사) 나오는 형태로, 일반적으로 L1에서 큰 틀을 말하고 L2에서 세부적인 설명을 한다.

9. 기본문장: Stage 3(be동사 + 일반동사)

Line	Stage 3	
1	I'm sure	
2		all of you have very interesting weekend plans
3		

I'm sure all of you have very interesting weekend plans.

나는 너희들 모두에게 재미있는 주말 계획이 있을 거라고 확신한다.

10. 예외 문장: Stage 3 예외

Line	Stage 3 예외	
1		what I want
2	This is	
3		

This is what I want.

이것이 내가 원하는 것이다.

what, how 등을 사용한 경우에는 이미지 블록을 위로 올린다(대부분 Stage에서는 L1외에는 아래로 내리는 구조다).

영어
목소리를
만들자

- How to Speak English like a Native II -

영어 목소리를
훈련하라

대체로 한국 사람이 한국어로 말을 할 때와 영어로 말을 할 때의 목소리는 차이가 난다. 한국어로 말할 때와 영어로 말할 때 발성되는 성대의 위치나 호흡법 등이 다르기 때문이다. 따라서 자신만의 영어 목소리를 만들 수 있다면, 영어에 대한 부담감도 현저히 줄어든다. 한단어만 말해도, 다른 사람이 듣기에 '와 저 사람 영어 잘하네!'라고 생각하기 때문이다. 아주 쉬운 단어인 sorry, thank you 등 한마디만으로도 "우와"라는 탄성을 자아내게 하는 마법의 방법을 소개한다.

L을 제대로 발음해야 진짜 영어 목소리가 가능해진다
한국 사람들은 [r], [v], [f]를 발음하기 힘들어 한다. 혀를 굴리거나 입술 모양을 바꾸며 소리내야 하기 때문이다. 하지만 더 힘든 발음은 [l]이다. [l]은 성대로만 소리를 내는 것이 아니라, 목 안쪽의 깊은 곳에 서부터 나오는 느낌으로 소리를 내야 한다. 그래서 [l]을 제대로 발음 하는 훈련이 영어 목소리를 내는 데 핵심이다.

우선 자신이 내는 한국어 목소리와 영어 목소리를 다른 사람도 분명히 느낄 정도로 다르게 해야 한다. 같은 의미라도 한국어 문장과 영어 문장이 다르듯이, 소리도 아예 바꿔야 한다.

처음에는 익숙한 단어로 연습한다. 단어 뒤쪽에 l이 나오는 단어를 추천한다. 예를 들어 나는 수업 시간에 주로 Google이라는 단어로 설명한다. 이때 주의할 점은, 뒤에 -le 소리를 낼 때 한 번에 단음으로 내기보다는 길게 최대한 끌면서 [l] 음을 연습해야 한다는 점이다. 그래야 긴 영어 문장을 말할 때도 영어 목소리를 유지할 수 있다.

뒤쪽에 l이 있는 apple 외에도 like, learn도 같이 연습한다. 단어의 뒤쪽과 앞쪽에 [l]을 발음해야 하기 때문이다. like와 learn처럼 앞에 l이 오는 경우에는 바로 [라이크], [런]이라고 소리를 내기보다는 [을라이크], [을러언]이라고 연습하는 것이 좋다. [라] 앞에 [으/을] 소리를 내면서 목 안쪽의 깊은 곳에서 소리를 끌어올리는 효과를 줄 수 있기 때문이다. 단어가 어느 정도 연습되면 그다음에는 문장으로 말해야 한다. 이때도 물론 쉬운 문장으로 연습한다.

I learn English.

나는 영어를 배운다.

I would like to work at Google.

나는 구글에서 일하고 싶다.

쉬운 문장이 익숙해지면, 관심 있는 책이나 동영상을 활용해서 자신이 말하고 싶은 문장을 연습하면 된다. 처음에는 어색해서 힘들지만 하다 보면 의외로 재미를 느낄 수 있다. 참고로 스스로 음치라는 이유로 힘들다고 하는 사람도 있지만, 내 경험상 영어 목소리를 내는 것은 음치이든 노래를 잘하든 크게 상관 없다. 자신감의 문제일 뿐이다.

영어로 말할 때는 스스로 전문 배우라고 생각하자

영어 잘하는 것으로 유명한 방송인 중에 개그맨 김영철 씨와 정종철 씨가 있다. 방송에 나와서 영어로 말하는 모습을 보면, 그분들은 스스로 노력도 많이 했고 영어에 대한 두려움도 없는 것 같다. 하지만 무엇보다 영어를 말할 때 일종의 연기를 한다고 생각하는 것 같다. 워낙 끼가 많은 분들이라서 자연스럽게 말한다고 생각한다. 이 개그맨들처럼 영어를 할 때는 연기를 해보자. 즉 영어 목소리를 갖는다는 것은 자신의 새로운 모습을 창조하는 것과 같다. 로맨틱한 역할을 맡은 배우처럼, 액션 영화의 배우처럼 역할에 맞는 목소리를 사용하는 경우에 해당된다.

영어에서는 호칭이 간단하기 때문에, 기술적으로도 연기하기 편하다. 한국어에서 대표님, 부장님, 형님, 선배님 등의 호칭을 생각하는 시간에 You 하나로 지칭해서 의사표현을 할 수 있으니 격식과 형식에 얽매이기보다는 내용에 더 집중할 수 있다. 이 단순한 차이로 영어로 말할 때는 일관적인 목소리를 낼 수 있다. 영어에서도 공손한 표현과 친한 친구에게 말하는 표현을 구분해서 쓰기는 하지만, 일관되게 상대방을 You로 부를 수 있기 때문에 심리적으로 편하게 연기할 수 있다.

멋진 목소리를 따라 하며, 영어로 말한다는 느낌을 익힌다

내가 좋아하는 배우의 목소리로 멋진 대사를 따라 한다면 어떤 느낌이 들까? 같은 말을 하더라도, 조금 민망할지 모르지만 기분은 좋아질 것이다. 영어 목소리를 갖게 되면 원어민처럼 영어를 말한다는 느낌을 얻을 수 있다. 새로운 모습으로 새로운 언어를 장착한 것이다. 그렇다면 왜 이 느낌을 얻는 것이 중요할까?

영화에 나온 문장을 수십 번 반복해서 외웠더라도, 내 목소리로 발음하면 왠지 그 느낌이 살지 않는다. 영화배우의 목소리와 그 장면의 분위기로 말을 해야 전달력이 생생해지는 것이다.

예를 들어 영화 〈대부(The Godfather)〉 중에서, "I'm going to make him an offer he can't refuse.(나는 그가 거절할 수 없는 제안을 할 거야.)"라는 대사가 나온다. 멋진 영화 대사를 찾던 중에 들었는데, 목소리와 분위기가 범상치 않았다. 나는 이 대사를 여러 번 연습했다. 비록 100퍼센트 똑같은 느낌은 아니더라도, 흉내 낼수록 주인공과 비슷한 목소리를 낸다는 것을 인지할 수 있었다.

또한 목소리와 함께 분위기를 같이 낼 줄 안다면 금상첨화다. 영화

〈노팅힐(Notting Hill)〉에서 나오는 줄리아 로버츠의 대사이다.

I'm also just a girl, standing in front of a boy, asking him to love her.
저는 단지 한 남자 앞에서 사랑을 바라는 여자일 뿐이에요.

일반적인 느낌으로 의역을 했는데, 만약 영어 단어와 문장의 순간 순간의 느낌을 살려서 의미를 이해한다면 훨씬 마음에 와닿을 것이다. 이 대사도 내 목소리가 아니라 배우의 감정을 이해하고 목소리도 최대한 비슷하게 맞춰서 말한다면, 영어 대사를 마음으로 이해할 수 있다. 영어를 마음으로 이해하려면, 가장 간단한 방법은 영어 목소리를 갖는 것이다. 그런데 수많은 영어 목소리가 있다. 어떤 영어 목소리가 가장 나에게 적합한 것일까?

중저음이나 하이톤의 목소리를 선택한다

낮은 음을 내는 중저음의 목소리나, 높은 음을 내는 하이톤 중에서 선택하면 된다. 나는 중저음의 목소리를 선호해서, 수강생들에게도 중저음의 목소리를 추천한다. 하이톤으로 영어 목소리를 연습하는 수강생은 10퍼센트도 안 된다. 왜냐하면 중저음이 하이톤에 비해 영어로 발음하는 데 수월하기 때문이다.

영어 발음 중에서 [r], [l], [v], [f], [b]를 발음할 때는 신경 써서 발음해야 한다. 특히 목에서 나오는 소리보다는 속에서 깊게 소리를 내는 것이 영어로 오래 시간 말하기에 좋다. 그래서 가능하면 중저음을 추천하는 것이다. 만약 확신이 서지 않는다면 두 가지 목소리를 모두 연습해 보고 편한 목소리로 정하면 된다. 그리고 한번 정하면 끝까지 그 목소리로 가야 하는 것도 아니다. 중간에 바꿔도 되기 때문에 일단 처음에 가장 편하다고 생각하는 목소리로 연습하면 된다.

어떻게 연습하면 될까? 유튜브에서 본인이 가장 멋지다고 생각하는 목소리를 찾아서 들으며 반복해서 연습한다. 일반적으로 좋아하는 미드나 영화배우의 목소리를 따라서 훈련한다. 게임이나 강의를 하는 유튜버의 목소리를 연습하는 것도 좋은 방법이다. 나는 주로 교육용 유튜브 동영상의 영어 목소리를 선호한다. 경제, 최신 기술, 의학 등 다방면에 걸쳐서 핵심 지식을 짧지만 알차게 설명하기 때문에 새로운 지식을 배우는 재미도 있고, 유튜버의 경우 길게 설명하기 때문에 말할 때의 호흡법과 어투 등도 배울 수 있다. 단, 동영상의 길이는 가급적이면 1분 전후가 좋다. 만약 1분 전후의 동영상을 찾을 수 없다면 5분 분량 이내의 동영상을 골라서 1분 정도까지만 연습하는 것이 좋다. 전체 다 볼 필요는 없고 자신에게 필요한 영역만 연습하는 것이 바람직하다.

인토네이션,
말에 강세를 주자

몸으로 영어 하자

지휘자가 손으로 허공에서 지휘하는 듯한 모습을 따라서 해보자. 인토네이션과 악센트를 주기 위해서다. 우리 말을 할 때는 높낮이가 없기 때문에 영어 문장을 말할 때도 단조롭게 말하게 된다. 그런데 영어로는 그렇게 말하면 안 된다.

영어 문장을 말하면서 인토네이션을 넣기 위해 악센트(stress라고도 한다)를 어디 줘야 할지 모른다는 사람이 많다. 그럴 때 나는 '강조'하고 싶은 단어에 주면 된다고 말한다. 인토네이션 방법을 크게 두 가지로 구분할 수 있다.

첫 번째 방법은 한 문장에 한 번의 악센트를 주는 것이다. 예를 들어 TV 프로그램에서 많이 하는 '절대음감 게임'처럼, '안녕하세요'라는 인사말의 한 음씩 악센트를 주면서 빨리 말해 보자. '**안**녕하세요/안**녕**하세요/안녕**하**세요/안녕하**세**요/안녕하세**요**' 내가 말하는 연습과 동일하다. 영어 인토네이션 연습 방법과 같으니 초보자들은 미리 연습을 해보는 것이 좋다.

두 번째 방법은 한 문장에 여러 개의 악센트를 주는 방법이다. 한 문장을 처음, 중간, 끝으로 나눠서 단어에 악센트를 주는 것이다. 수업하면서 항상 느끼는데, 끝에 악센트를 주는 것은 다들 잘하기 때문에 처음 부분과 중간 부분에 악센트를 주는 연습을 하는 게 좋다.

먼저 문장에 악센트를 하나만 주는 첫 번째 방법부터 시작해 보자.

첫 번째 줄: I have a friend ↗

두 번째 줄: who can speak English

나는 친구가 있다 | (친구는) 영어를 할 수 있다

여기서 중간쯤인 friend에 악센트를 주는 스타일을 연습한다. 일반적으로 i a e o u 에 악센트를 주는 것이 처음 연습할 때 좋다. 몸짓으로 악센트를 줄 때 고개를 위로 살짝 올리거나, 손으로 지휘하듯이 올리는 방법이 있다. 이 두 가지 몸 동작을 수강생의 90퍼센트 이상이 선호한다.

처음 부분에 악센트를 줄 때는 주어에 주거나 부정형을 말할 때 준다. 이 방법은 Sentence Stress라고 말하기도 하는데. 크게 소리를 순간적으로 올리는 방법(louder)과 길게 끄는 방법(longer)이 있다. 참고로 Word Stress는 단어에서 하나의 음절(syllable)에 악센트를 주는 것을 말하고, Sentence Stress는 문장에서 특정한 단어(words)에 악센트를 주는 것을 말한다. 오디오 음성으로 듣게 되면 쉽게 이해할 수 있는데, 텍스트상으로는 의미가 쉽게 전달되지 않아서 수업할 때는 다음과 같이 구분한다.

예를 들어,

첫 번째 줄: I have a friend

두 번째 줄: who can speak ↗Ȩnglish

음영으로 표시된 부분은 길게 끌면서 발음하고, 화살표로 표시된 부분에서는 순간적으로 음을 올려서 강조한다. 가능하다면 연습할 때 3옥타브 이상 올리기 바란다. 음을 빠르게 올렸다가 바로 내려와야 한다.

I love listening to music.

나는 음악을 좋아한다.

이 예문에서 I에 악센트를 주는 것은 '나'를 강조한다는 의미다. 다른 사람들과 비교했을 때 '나'는 음악 듣는 것을 좋아하는 느낌을 준다. 악센트를 I가 아닌 love, listening, music 등에 줄 때마다 같은 문장이라도 의미가 조금씩 달라진다. 이 뉘앙스를 익히기 위해서는 말을 하면서 그 느낌을 직접 느껴야 이용할 수 있다. 공식처럼 외워서 익히려고 한다면 평생을 해도 완벽히 이해할 수 없다고 생각한다.

I like coffee. | I like coffee. | I like **coffee**.
I like coffee. | I like coffee. | I like coffee.

"I like coffee.(저는 커피를 좋아해요.)"에서도 각각 I, like에, coffee에 악센트를 줘서 강조하는 의미를 다르게 할 수 있다. coffee라는 발음을 할 때 co 부분을 길게 말하거나 ffee 부분을 길게 말해도 된다. 물론 co를 길게 말하는 게 자연스럽게 느껴질 것이다. ffee를 길게 말하면 왠지 어색하다. 우리는 영어를 많이 접하는 환경에 노출되어 있다 보니, 최소한의 기본적인 영어 감각은 다 갖추고 있기 때문이다. 따라서 스스로 말하면서 영어 단어의 악센트를 만들 수 있다. apple 같은 영어 단어도 a에 악센트를 주는 것이 ple에 액센트를 주는 것보다 자연스럽다.

실제로 글을 읽으면서 연습해 보자. 단어에 다른 악센트를 주면서 말할 때 스스로 자연스럽다고 느끼는 위치에 악센트를 주어서 영어 단어를 말해야 한다. 영어 단어 악센트를 만드는 훈련은 이렇게 하는 것이다. 그렇지 않으면 발음을 어떻게 할지 악센트를 어디에 둬야 할지 몰라서 영어 단어가 머릿속에 있더라도 편하게 말할 수 없다. 일단 자신이 가진 능력으로 영어 악센트를 만드는 것도 자신 있게 영어를 말하기 위해 아주 좋다.

이때 나머지 검은색 부분을 어떻게 말해야 할까? 평소에 영어 문장을 읽는 속도를 1이라고 가정할 때, 그보다 2배 빠르게 읽어야 한다. 순간적으로 빠르게 말하는 느낌으로 말을 해야 한다. 최대한 목소리 톤의 높낮이 변화 폭을 크게 만드는 훈련을 하는 것이 핵심이다. 처음엔 어색하지만, 몇 번 반복하다 보면 재미도 있고 영어 공부라기보다는 영어 음악 연습이라는 생각이 든다.

이외에도 don't 등을 강조하는 연습을 하는 것도 좋다. 물론 know를 강조해도 좋긴 하지만, 연습용으로는 don't와 같이 부정형 문장을 연습하는 것이 좋다.

You don't need to study English.

당신은 영어를 공부할 필요가 없어요.

이 문장에서 don't 외에 악센트를 주려면 English에 주면 된다. 처음, 중간, 끝은 상대적인 개념이라서, 굳이 문장의 어디까지가 처음, 중간, 끝인지 구분하지 않아도 된다. 그리고 악센트를 주는 단어는 지극히 주관적으로 생각해서 자신이 강조하고 싶은 단어에 사용하면 된다. 괜히 어디에 악센트를 줘야 할지 고민하지 않아도 된다.

다음은 연습용 예문들이다. "I don't like coffee.(저는 커피를 좋아하지 않아요.)"와 "I would like to drink a glass of water.(물 한잔 마시고 싶어요.)", 이 두 문장으로 연습해 보자. 영어 목소리 훈련을 할 때는 무엇보다도 쉽고 간단한 문장만 쓰도록 한다. 기술적인 부분이라서 기본적으로 단어마다 하나씩 악센트를 주어 연습하면 좋다. 나중에 여기에 익숙해지면 자연스럽게 긴 문장으로 연습할 수 있다.

I don't like coffee.

I **don't** like coffee.

I don't **like** coffee.

I don't like **coffee**.

I **would** like to drink a glass of water.

I **would** like to drink a glass of water.

I would **like** to drink a glass of water.

I would like to **drink** a glass of water.

I would like to drink a **glass** of water.

I would like to drink a glass of **water**.

　기본적으로 조동사, 동사, 명사 등에 악센트를 준다. 전치사, 관사 등 문장에 부수적인 의미를 뜻하는 단어에는 가능하면 악센트를 주지 않고 앞뒤의 단어와 연결해서 부드럽게 말해야 한다. 이 훈련이 익숙해지면 이번에는 추가로 like to와 같이 '이어서 부드럽게' 말하는 훈련을 해야 한다. 기본적으로 국가 및 개인의 말하는 스타일에 따라 천차만별이지만, 전치사를 활용해서 연음을 만들어야 한다. 연음할 때 전치사가 처음이나 끝에 오도록 연습하는 것이 좋다.

I would like to drink a glass of juice.

주스 한잔 마시고 싶어.

I'm going to tell you.

너에게 말할 거야.

전치사를 활용한 연음 부분은 동일하므로 악센트를 단어마다 바꾸는 훈련을 여러 번 하게 되면, 생각해서 영어로 말할 수 있는 힘과, 영어 근육이 입에 생겨서 영어로 말할 때 훨씬 편하게 말할 수 있다.

이 연습은 단순해 보여도 혼자 하기는 쉽지 않다. 혼자 연습하더라도 왠지 얼굴이 화끈화끈하고 낯부끄럽다. 하지만 익숙해진다면 인토네이션 없이 영어 문장을 말하거나 들을 때 그렇게 무미건조하고 딱딱해 보일 수 없다. 뭐든지 본인이 직접 해봐야 한다. 지금부터 단순한 문장이라도 해보자. 많이 할 필요 없다. 처음에는 한 문장만 하면 된다.

1단계: 글이나 영상에서 발췌한 문장으로 연습하기

글이나 영상에서 발췌한 문장으로 연습하는 것으로, 혼자서도 충분히 실력을 늘릴 수 있다. 기본적인 연습 방법은 단순하다. 앞에서도 간단히 설명했지만, 첫 번째 방법은 목소리를 흉내 내는 것이다. 두 번째는 성우와 같은 속도로 말하는 것이다. 세 번째는 성우보다 훨씬 빠르게 말을 해야 한다. 그리고 성우보다 빠르게 말을 할 때도 성우와 비슷한 목소리를 계속 유지해야 한다.

나는 주로 비즈니스나 정보와 관련된 동영상을 선호한다. 물론 멋진 목소리의 인물이 출연하는 동영상을 선정한다. 유튜브에서 추천하는 채널은 Business Insider(https://www.youtube.com/user/businessinsider)와 VOX(https://www.youtube.com/user/voxdotcom)이다. 이 두 채널에는 투자, 재무, 성공 스토리 등 다양한 주제의 관련 동영상이 업로드되어 있다. 무엇보다 자막이 제공되고 있어 연습하기 편하다.

다시 한번 강조하면 매체에서 자막을 제공하는 사이트만 이용해야 한다. 채널 담당자가 검증한 자막이 제공되므로, 실제 생활에서 이용 가능한 자연스러운 표현들을 배울 수 있어서 좋다. 아무래도 영어 교재나 문법 교재에 나오는 영어 문장은 책의 특성상 딱딱한 느낌이 있으므로 동영상을 활용하는 것이 더 좋다.

입문용으로 추천하는 동영상 중 하나는, Business Insider의 〈A Navy SEAL explains why you should end a shower with cold water(네이비 실 요원이 샤워할 때 마지막에 찬물로 마무리해야 하는 이유를 설명한다)〉이다. 동영상에 나오는 특수요원의 목소리가 멋진데다 내용도 궁금해서 이 동영상을 활용해 영어 목소리 훈련을 했다. 이 동영상으로 연습할 때도 부담을 갖지 말고 편하게 즐길 수 있을 만큼만 연습하는 것이 좋다. 비록 몇 초 분량의 짧은 문장도 괜찮다.

약 8초 분량의 다음 문장을 먼저 읽어 보자.

Cold water will wake you up, without a doubt and it will keep you awake but it has more health benefits than anything else.

찬물은 의심할 여지 없이 당신을 정신 차리게 할 겁니다. 그리고 계속 깨어 있게 해줄 겁니다. 하지만 무엇보다도 건강상의 장점이 많이 있습니다.

어려운 단어는 없지만 막상 동영상의 인물처럼 똑같이 따라 하려면 쉽지 않다. 여기서 중요한 것은 앞에서 배운 학습 방법(음영, 화살표, 밑줄)을 활용해서 문장을 바꾸는 것이다.

Cold water will wake you **up**, without a doubt and it will **keep** you awake **but** it has more **health** benefits than anything else.

이 예문의 음영, 화살표, 밑줄 등은 처음에는 이해용으로만 만들어 연습하는 것이 좋다. 똑같이 할 필요도 없고, 본인이 알아보기 편한 방법을 이용하면 된다. 일단 텍스트만 보면서 혼자서 예문에 표시된 부분을 각각 음영(소리를 길게), 화살표(짧고 높게), 밑줄(이어서 부드럽게) 유형에 맞게 읽어 본다. 처음에는 어색하겠지만, 익숙해지면 영어 문장을 말할 때 저도 모르게 따라 했던 인토네이션과 악센트가 나온다.

2단계: 내가 생각해서 만든 문장으로 연습하기

남이 만든 문장을 기계적으로 연습하는 것은 어느 정도 선에서 멈춰야 한다. 이 방법을 연습하는 독자가 '아니 세상에! 나한테 이런 영어 목소리가 있네'라고 느낄 때쯤이면, 직접 만든 문장을 활용해서 자신의 영어 목소리를 활용할 줄 알아야 한다. 멋진 영어 목소리가 최신 컴퓨터라면, 내가 생각해서 만드는 영어 문장은 최신 프로그램에 해당된다.

최신 컴퓨터와 최신 프로그램을 동시에 활용해야 성능이 잘 발휘된다.

　내가 생각해서 만드는 문장도 쉬운 영어 문장으로 연습해야 한다. 영어 문장 학습이 아니라 어차피 영어 목소리를 입히는 훈련이기 때문이다. "I will see you tomorrow.(내일 봐요.)"는 짧은 문장이지만, 영어 목소리를 연습하기에는 쉽지 않다. [l], [r] 등 만만치 않은 발음이 있기 때문이다. 익숙해진다면, 조금 긴 문장으로도 오래 말하는 연습을 하는 게 좋다.

I'm going to **talk** <u>about</u> an im**po**rtant topic that we <u>have to</u> discuss in this meeting.

제가 이 회의에서 우리가 상의해야 할 중요한 주제에 대해서 이야기할게요.

　조금 긴 문장을 생각해서 말할 수 있다. 음영, 화살표, 밑줄을 활용해서 편하게 말할 수 있어야 한다. 바로 긴 문장을 말할 수는 없지만, 쉽고 빠른 방법이 있다. 너무 걱정하지 말자. 여기서는 정답을 찾는 것이 아니라, 단어의 악센트와 연음을 내 마음대로 만들어 가면서 말하는 훈련을 하는 것이다. 스스로 여러 단어마다 악센트와 연음 등을 바꿔 가며 말한다면 외우지 않아도 생각해서 영어 문장을 말할 때 나도 모르게 자연스럽게 나올 수 있다. 이 예문을 머릿속으로 생각하면서 연습하는 것은 쉽지 않겠지만, 가장 빠르고 효율적으로 영어 목소리를 만드는 길이다.

하루에 두 문장만 하자

인토네이션과 연음 연습은 하루에 두 문장만으로도 충분히 효과를 볼 수 있다. 처음에는 간단하게 시작한다. 첫 번째 문장은 동영상이나 글에서 발췌한다. 이때 음영, 화살표, 밑줄 중에 화살표를 활용하는 문장을 포함하는 게 좋다. 악센트를 빠르고 강하게 주는 연습이 핵심이기 때문이다. 두 번째 문장으로는, 자신의 머릿속에서 생각하고 고심해서 문장을 말해야 한다.

나 역시 처음 영어로 말하려고 할 때 한 문장을 만들기 위해 하루 종일 고민한 적도 있다. 정말이지 왜 이렇게 머릿속이 하얘지던지… 지금은 그 당시를 생각해 보면 그럴 수밖에 없었을 것 같다. 영어를 생각하려고 하는 근육이 없었기 때문이다. 한 문장을 온전히, 문법적인 오류를 고민하지 말고 본인 스스로 만들어야 한다. 그렇게 한 문장은 외부에서 얻은 문장으로, 다른 한 문장은 스스로 머릿속으로 생각한 문장으로 해서 총 두 문장만 연습해도 엄청난 효과를 본다.

다른 사람의 영어 문장을 통해 연습할 때, 1분 전후 또는 짧은 글의 내용을 이용하는 것이 좋다. 나는 1분 전후의 동영상을 활용해서 연습을 했다. 동영상을 활용하면 분량이 짧아서 성취감도 있고 무엇보다 지루하지 않아서 좋다. 이때도 무조건 가장 쉬운 문장으로 선정해야 한다. 실질적인 영어 근육을 만드는 단계에서는 문장을 머릿속으로 만드는 능력보다는 몸으로 하드웨어적인 소리를 만드는 능력에 시간과 노력을 쏟아야 하기 때문이다. 앞서 언급한 〈A Navy SEAL explains why you should end a shower with cold water〉 동영상 중에서 "it will you keep awake. (너를 잠에서 깬 상태로 계속 둘 거야.)" 문장만 하루 종일 연습해도 된다(여기서는 keep에 악센트를 줄 수 있다). 다만 앞에서 말한 것처럼 음영, 화살표, 밑줄을 최대한 활용해야 한다.

자신이 생각하는 문장이 다소 유치하더라도 괜찮다. 만약 "I love to watch movies. (나는 영화 보는 게 너무 좋아.)"라는 문장을 스스로 생각했다면, 이것만으로도 대단하다. 이렇게 점점 문장을 늘려서 나중에는 문장의 개수가 아니라, 문장을 말하는 시간이 최대 5분 이내가 되도록 훈련을 해야 한다. 5분이 넘어가면 대부분 영어에 대해 어느 정도 생각을 편하게 표현할 수 있는 단계가 되므로, 그다음 훈련 단계로 넘어간다. 그렇지 않으면 실력이 오르는 속도가 더딜 수 있다.

순발력을 길러
빠르게 말하라

영문 텍스트와 음원으로 연습하기

지금까지 영어 문장을 말할 때 단어 발음의 높낮이 폭을 크게 하면서 말하는 훈련을 했다면, 이제부터는 최대한 빠르게 말하는 훈련을 해야 한다. 물론 사람에 따라 차이가 있어서 빠르게 말하는 훈련을 먼저 하는 경우도 있다. 하지만 대체로 단어의 음 높낮이를 먼저 연습하는 것이 빠르게 말하는 것보다, 영어로 말하는 느낌을 익히는 데 더 효과적이다.

전문 성우가 녹음한 오디오북을 들으면서 동시에 텍스트를 보며 연습하는 방법과, 동영상의 자막을 보면서 연습하는 방법이 있다. 자신에게 편한 방법으로 시작하면 된다. 인터넷이나 서점에 찾아보면 멋진 목소리의 전문 성우가 읽어 주는 오디오북이 많이 있다. 그중에서도 명작을 선정해서 연습하는 것이 좋다. 나는《모리와 함께한 화요일(Tuesdays with Morrie)》이라는 책으로 연습했다. 이때도 연습 분량은 최소한으로 한다.

The last class of my old professor's life took place once a week in his house, by a window in the study where he could watch a small hibiscus plant shed its pink leaves. The class met on Tuesdays. It began after breakfast. The subject was The Meaning of Life. It was taught from experience.

노 교수님 인생의 마지막 수업은 일주일에 한 번 교수님 댁에서, 교수님이 분홍 꽃잎이 떨어지는 작은 히비스커스 화분을 지켜볼 수 있는 서재 창가에서 진행되었다. 그 수업은 화요일에 만나서, 아침 식사 후에 시작되었다. 주제는 '삶의 의미'였다. 노교수님의 경험을 통해 가르치는 수업이었다.

출처: Mitch Albom, *Tuesdays with Morrie: An Old Man, a Young Man, and Life's Greatest Lesson*, Broadway Books.

성우는 이 텍스트 분량을 약 18초 이내에 읽는다. 몇 번 연습 후에 도전해 보길 권한다. 나는 8.65초 정도까지 연습했다. 12.5초 이내로 연습한다면 충분히 잘한다고 할 수 있다. 속도가 점점 빨라질수록 발음이 많이 뭉개지는데, 말을 하는지 랩을 하는지 구분이 안 될 만큼 최대한 빠르게 말해야 한다. 입의 영어 근육을 훈련하는 방법이다. 이 훈련을 길게는 2주간 매일 매일 진행해야 한다. 그 후에는 영어로 말하기 직전에 몇 번 연습하는 것만으로도 입이 풀어진다.

이 책에는 이 발췌 문단이 연습하기에 가장 좋다. 이 문단이 익숙해지면 약 1페이지 반 정도 연습을 하자. 첫 문단을 완벽하게 훈련한다면 나머지 뒤의 문장들은 정말 쉽게 할 수 있다. 말하면서도 스스로 놀랄 것이다.

이때 핵심은 가능하면 절대 외우려고 하면 안 된다는 것이다. 외워서 말하려고 하는 순간, 이미 영어 말하기의 절반 정도는 포기하고 들어가기 때문이다. 최대한 눈을 크게 뜨고 텍스트를 따라 읽으면서 연습을 한다. 이것이 내 학습 철학이다. 영어를, 언어를 외우려고 한다면 암기된 공간만큼 영어를 한국어처럼 편하게 사용할 수 있는 공간을 정확히 똑같이 희생하는 것이다.

이 발췌 문장은 음영, 화살표, 밑줄 이 세 가지를 활용해 다음과 같이 연습할 수 있다.

The last class of my old professor's life took place once a week in his house, by a window in the study where he could watch a small hibiscus plant shed its pink leaves. The class met on Tuesdays. It began after breakfast. The subject was The Meaning of Life. It was taught from experience.

각각의 표시에 맞춰 강세 단어들, 소리를 길게 하는 단어들과 함께 밑줄 부분을 이어서 부드럽게 읽는 것은 쉽지 않지만, 좀 더 영어 근육을 강하게 만들기 위해서 필요한 훈련이므로 꾸준히 해보자.

다음은 연음 연습이다.

When did this happen? ↗
    ㄷ ㄷ

이 일은 언제 일어났니?

ㄷ ㄷ은 did와 this의 앞부분인 di와 th 부분을 최대한 빠르게 동시에 소리 내는 연습이다. 높낮이 없이 평이하게 [웬 디드 디스 해픈?]이라고 한글 읽는 느낌에서 벗어나서 영어를 읽을 때는 감정을 넣어서 [웬디듯 디!스 해픈?]처럼 말해야 한다.

The gazelle gets separated from the pack. ↗
               ㄹㄹ

가젤이 무리에서 떨어져나온다.

ㄹ ㄹ은 ted 부분을 [티드]라고 소리 내지 말고 [리르]라고 발음할 수 있게 연습한다. 최대한 부드럽게 소리를 내어 훈련하는 방법이다. [t], [d] 다음에 모음이 나오면, [t], [d]를 우리말의 'ㄹ'과 비슷하게 발음한다. 물론 [티드]라고 발음해도 된다. ㄹ ㄹ로 발음하는 것은 영어 문장을 부드럽게 말하기 위한 것이다.

I didn't want to forget him. Maybe I didn't want him to forget me. ↗ ↗ ↗
    ㄴ   ㄹ

나는 그를 잊고 싶지 않았다. 어쩌면 그가 나를 잊는 것을 원하지 않았던 것 같다.

ㄴ 부분은 want to를 [원트 투]라고 발음하기보다는 [워느]라고 연습한다. ㄹ 부분인 him to도 [힘 투]보다는 [힘 루]라고 연습한다. 앞뒤 자음의 영향으로 소리가 바뀌는 것으로, 처음 연습할 때는 계속 to[투] 발음을 낼 것이다. 눈으로 보이는 그대로 읽으려고 하기 때문이다. 하지만 영어를 빠르고 편하게 말하려면 이런 연습을 통해 눈에 to가 보이더라도 [투]로 읽는 것이 아니라 [누], [두], [루]라고도 읽을 수 있어야 한다. 그래야 회화할 때 편하게 말할 수 있는 영어 근육을 만들 수 있다.

자막이 있는 1분 분량의 동영상으로 연습하기

영어를 공부하기 위해 TED(미국의 비영리 재단에서 운영하는 강연회)를 보는 사람들도 많지만, TED는 주제 및 형식이 혁신적인 아이디어에 전달에 초점이 맞춰져 있어서 영어 학습에 활용하기에는 적절하지 않을 때가 많다. 반면 VOX 채널에는 한 가지 이슈를 자세히 설명하는 영상이 많아서 영어 학습에 좋다. 잘 구성된 내용과 실생활에서 쓸 수 있는 영어 문장을 많이 찾을 수 있어서 자주 챙겨 보는 채널이다. 참고로 VOX에는 5분 이상의 긴 동영상도 많기 때문에, 자신의 수준에 맞는 동영상을 찾는 노력도 필요하다.

언젠가 선진국인 미국에서는 유독 의료비가 비싸서 자국민들이 병원 치료를 제대로 못 받는다는 소식을 여러 매체를 통해서 접한 적 있다. 왜 그런지 궁금했는데, 마침 관련 내용을 설명하는 유튜브 동영상을 찾을 수 있었다. 다음 문장은 〈The real reason American health care is so expensive〉라는 제목의 동영상에서 발췌한 것이다.

I cannot tell you how obsessed I am with this chart. It shows exactly what is wrong with America's conversation about health care.

제가 얼마나 이 차트에 집착하고 있는지 이루 말할 수 없어요. 이 차트는 의료 서비스에 대한 미국에서의 이야기가 얼마나 잘못되었는지 정확하게 보여 주고 있습니다.

출처: "The real reason American health care is so expensive(https://www.youtube.com)"

이 동영상에서 남자 성우는 말할 때 감정이 잘 드러나서 인토네이션 연습을 할 때 좋고, 영어 근육이 어느 정도 잡혀서 좀 더 튼튼하게 만들고 싶을 때 좋다. 이 성우처럼 영어를 말한다면 우리도 영어로 말할 때 주요 '단어'에 감정도 표현하고, 영어로 말도 빠르게 할 수 있다. 이 동영상은 5분 41초짜리로, 평소에 미리 연습했다가 영어로 프레젠테이션을 하거나, 토의나 토론 등을 할 때 몇 번 연습하면 크게 도움이 된다.

I cannot tell you how obsessed I am with this chart.
It shows exactly what is wrong with America's conversation about health care.

마찬가지로 신경 써서 말해야 하는 부분을 표시했다. 특이한 점은 대부분의 동영상에서는 문장에 화살표(짧고 높게)가 들어가는 반면에, 여기는 유난히 음영(소리를 길게) 부분이 많다. 화살표 부분이 많이 나오는 동영상을 추천하지만, 사람의 말하는 성향에 따라 음영 부분만 쓸 수도 있다. 독자 중에는 문장에 화살표 부분이 없으면 억지로 만들어야 하는 게 아닌가, 라고 생각할 수도 있는데 그렇지 않다. 이 성우는 단지 소리를 길게 내는 스타일로 말할 뿐이다.

문장을 덩어리로 말하자

영어 문장을 말할 때, 영어에 능숙하지 못하면 당연히 단어가 하나하나 언급하게 된다. 아예 한마디도 하지 못하는 경우가 아니라면, 영어로 문장을 말할 때 단어를 하나씩 조각내서 말하지 말고 몇 개의 덩어리로 말한다면, 영어 실력을 몇 단계 올릴 수 있다. 이 연습을 할 때는 밑줄을 활용하는데, 밑줄의 의미를 이해하면 녹슨 기계에 기름칠을 해서 부드럽게 움직이는 것처럼 영어 문장을 말할 때 부드럽고 자연스럽게 말할 수 있다.

He has been learning English for a decade.

그는 10년째 영어를 배우는 중이다.

I'm going to give you this coupon.

내가 이 쿠폰을 줄 거야.

If you want to emphasize something,

만약 네가 어떤 부분을 강조하고 싶다면,

이 예문들에서는 일단 무조건 앞 부분부터 최대한 빠르게 말을 해야 한다. 특히 밑줄 부분을 무조건 빠르게 말하는 것이 아니라, 영어 목소리를 부드럽게 만들어야 한다는 것이 관건이다.

이 세 문장의 공통점은 밑줄이 전부 앞쪽에 있다는 것이다. 이 문장을 덩어리로 말하는 훈련을 하기 위해서는, 일정한 규칙을 만들어서 공식처럼 외우기보다는 스스로 반복해서 읽으면 '의미상 구분되는' 단어를 모아서 덩어리로 만들어야 한다. 주로 문장의 앞 부분에 해당되는 '주어+동사'를 집중적으로 연습해야 한다. 그리고 대체로 여러 개의 단어로 이루어진 주어나 분사구문 뒤에서 끊어 읽고, 전치사 등의 구 앞이나, 주어와 동사로 이루어진 절 앞에서 끊어 읽는다. 앞에 나온 〈The real reason American health care is so expensive〉의 인용 문장을 의미 단위별로 구분하면 다음과 같다.

I cannot tell you / how obsessed I am / with this chart.

It shows exactly / what is wrong with America's conversation / about health care.

의미 단위별로 끊어 읽는 것을 별도로 외울 필요는 없다. 문장의 단어 덩어리를 찾기 위해 예문들을 반복해서 읽다 보면 저절로 익히게 되면서 자신의 언어 기능이 발현될 것이다.

3초 만에 영어로 답변하며 영어 순발력을 기르자

대다수의 한국 사람이 정말 간단한 영어도 쉽게 말할 수 없는 이유는 여러 번 언급했지만, 무엇보다도 단어가 생각나지 않기 때문이다. 3초대로 영어로 답변하는 훈련을 하면 영어 문장을 바로 말할 수 있게 된다. 3초 영어 답변 훈련을 하면 영어 순발력이 기를 수 있다. 영어 순발력을 기르는 훈련 역시 쉽고 간단한 문장으로 시작해야 한다. 주로 일상적으로 많이 쓰는 대화를 주고받는 표현을 활용하는 것이 가장 좋다.

A: You should ask them.

당신은 그들에게 물어봐야 합니다.

B: I see. Thank you for your help.

알겠습니다. 도와주셔서 감사합니다.

A: That's all right.

이 정도는 괜찮아요.

B: Have a nice day.

좋은 하루 보내세요.

쉬운 예문이지만, 막상 다른 사람과 갑자기 말을 주고받으려고 하면 생각이 나지 않는다. 이런 사람들을 위해서 상대방의 말이 끝나자마자 영어 문장을 말하는 훈련이다. 가뜩이나 영어 문장도 생각나지 않는데, 빠르게 말하려고 하면 정말 여간해서는 쉽지 않다.

이렇게 쉬운 단어로 된 영어 문장도 순발력 있게 빠르게 말하는 것이 쉽진 않은데, 하물며 모르는 단어와 문장을 달달 외워서 영어로 말하려는 것은 정말 불가능한 일에 도전하는 것이다. 자신이 갖고 있는 영어회화 책이나, 시중에 출간된 영어 학습서나 동영상 등에서 가장 만만하다고 생각하는 문장을 이용해서 상대방과 주거니 받거니 하며 빠르게 연습해 보자.

영어 순발력을 기르기 위해서는 연습용으로 대화할 때 서로 딱 두 번씩만 번갈아 대화하면 된다. 너무 많이 연습하지 않아도 괜찮다. 그리고 언제나 그렇듯이 우리가 쉽다고 생각하는 문장을 쓰기 때문에 충분히 빠르게 말하는 것이 목표다. 우리가 머릿속에서 꺼내는 영어는 이 '강화된 순발력'으로, 상대방의 말하는 속도에 빠르게 적응할 수 있다.

"Even if you're going to live three thousand more years, or ten times that, remember: you cannot lose another life than the one you're living now, or live another one than the one you're losing. The longest amounts to the same as the shortest. The present is the same for everyone; its loss is the same for everyone; and it should be clear that a brief instant is all that is lost. For you can't lose either the past or the future; how could you lose what you don't have?"

– Marcus Aurelius, Meditations

당신이 3천 년도 더 산다고 할지라도, 혹은 그 10배를 더 산다고 할지라도, 기억하라. 지금 살고 있는 삶보다 다른 삶을 잃을 수는 없다는 것을. 혹은 지금 잃고 있는 삶보다 다른 삶을 살 수는 없다는 것을. 가장 긴 시간은 가장 짧은 시간과 마찬가지다. 지금이라는 시간은 모든 사람에게 동일하다. 지금이라는 시간을 잃는 것도 모든 사람에게 동일하다. 그리고 이 짧은 순간이 잃음의 실체라는 것을 분명히 해야 한다. 왜냐하면 당신은 과거나 미래를 잃을 수는 없기 때문이다. 당신이 가지고 있지 않은 것을 어찌 잃을 수 있겠는가?

– 마르쿠스 아우렐리우스(로마 황제, 스토아 철학자), 《명상록》

당신도
영어로
말할 수 있다!

- You Can Speak English, too. -

답답함에서 벗어나
자신있게 말하라

우리는 한국어 점수가 없더라도 한국어를 못한다고 하지 않는다. 한국어가 모국어이기 때문이다. 반면 영어는 어학 점수가 있든 없든 영어를 잘한다고 자신 있게 말하는 사람은 극소수다. 어학 점수가 아주 높은 사람조차 잘한다고 하지 않는다. 그 이유는 무엇일까? 자신의 감정과 지식을 편하게 말할 수 없기 때문이다. 그래서 늘 답답해한다. 만약 영어로 말할 때 답답하지 않다면 스스로 잘한다고 말할 수 있는 것일까? 나는 그렇다고 생각한다. 그 답답함을 해소하기 위해서, 두 가지 방법으로 코치한다. 그 방법은 '영어 심리치료'와 '영어 음악학습'이다. 다음의 4단계는 개인별로 다르게 적용된다. 4단계에 있는 사람이라도 상황에 따라 1단계, 2단계, 3단계를 다시 연습하기도 한다.

	영어 심리치료
목표	• 스크립트 없이 생각한다. • 다양한 주제에 대해서 말할 수 있다.
1단계 (초급)	• 영어로 질문하기 연습 (421, 431 질문 활용)
2단계 (초급, 중급)	• 일상생활 대화하기 • Stage 1, 2, 3 연습 및 응용
3단계 (초급, 중급)	• 신문기사 및 동영상으로 문장구조 익히기(5~15개) 동영상의 경우 검증된 스크립트 이용 (동영상 제공자 또는 회사가 만든 스크립트) • 비즈니스 관용어, 영어로 표현된 지식을 수강생의 경험과 연결 (격려할 때 쓰는 표현, 리더가 되는 법, 건강하게 사는 법 등)
4단계 (고급)	• 일상생활 외에 비즈니스, 시사, 경제뿐만 아니라 고민, 인생관 등 깊이 있는 주제로 대화를 이어가기 (수강생 맞춤 주제로 선정)

	영어 음악학습
목표	• 영어 근육을 키운다. (발음, 악센트, 인토네이션, 빠르게 말하기 등)
1단계 (초급)	• 텍스트 읽으면서 연습 (《Dear Ann Landers》 칼럼, 신문기사, 《모리와 함께한 화요일》 등)
2단계 (초급, 중급)	• 관심 있는 동영상을 통해서 같은 속도로/빠르게 말할 수 있게 연습
3단계 (초급, 중급)	• 실제로 회화를 하면서 속도 및 인토네이션 연습하기 • 스스로 생각해서 말한 문장 반복하기 • 스스로 생각해서 말한 이야기 반복하기 * 외워서 말하면 안 된다.
4단계 (고급)	• 3단계 과정에서 연습한 (같은) 문장을 시간을 재서 최대한 빠르게 말하기 • 3단계 과정에서 연습한 (같은) 이야기를 시간을 재서 최대한 빠르게 말하기 * 외워서 말하면 안 된다.

코치 찰리의 수업은
다르다

언어는 꾸준히 사용해야 실력이 유지되고 향상된다. 흔히 시험용이든 영어회화 실력을 위해서든 문장을 달달 외우는 경우가 많은데, 암기한 영어 문장이 생각 안 나는 것은 실력과는 전혀 상관없다. 그냥 외운 문장이 생각 안 났을 뿐이다. 외워서 영어 말하기 실력을 기르는 것은, 한국어 문장을 외워서 말하려고 하는 것과 같다.

내 수업 시간에는 단어를 가장 쉽고 단순하게 사용하기 때문에, 어려운 단어를 생각하는 데 시간을 쓰기보다는 문장을 만들고 연결하고 조합하는 데 많은 시간을 할애해서 연습시킨다. 우리 뇌 속의 영어 말하기 능력이 나오는 공간을 집중적으로 강화시킨다. 이 영역은 신비로워서, 기존의 암기식 영어 공부처럼 기계적으로 단어와 문장을 외우지 않더라도 거의 시간 제약이 없을 만큼 사용할 수 있다. 유행어를 듣고 따라 하듯, 원하는 문장을 언제든지 자유롭게 꺼내 쓸 수 있다.

	기존 영어회화 수업	코치 찰리의 수업
철학	영어는 공부	영어는 사용(소비)
수업 목표	시험 고득점, 시험 합격 등	아는 단어를 활용해서 영어로 하고 싶은 말을 편하게 말하는 것
영어 공부 원칙	영어 공부, 배우기, 암기 (공부 90퍼센트 이상)	아는 단어 활용, 자신의 지식 경험 활용 (공부 10퍼센트 이내)
영어 문장을 만드는 방법	외운 영어로 말하기	레고 블록처럼 영어 문장 조립하기 생각을 영어로 말하기
영어 말하기 능력 지속성	암기는 금방 잊어버린다. 영어회화 공부를 안 하면 한 달이면 다 잊는다.	심리/감정의 영역에서 영어로 말할 수 있게 만들기 때문에 반영구적이다.
수업 스타일	일방적인 지식 전달 및 해설 강사가 말하는 비중이 70퍼센트 이상	학습자의 말을 잘 듣고, 영어로 말할 수 있게 끊임없이 질문을 한다. 대화의 흐름을 이어갈 수 있는 능력 필요. 강사가 말하는 비중 30퍼센트 이하
교재	정해진 교재로 진행	인터넷, 유튜브, 보고서 등 학습자 맞춤형 수업 자료
과정 완료 후	고득점자	영어 사용자

생활/비즈니스/아카데믹/취업 영어 과정 vs. 취업 컨설팅 과정

내가 진행하는 영어 프로그램은 생활/비즈니스/아카데믹/취업 영어 과정으로, 개인별 맞춤 수업을 하며 영어 심리치료와 영어 음악학습을 진행하고 있다. 그리고 영어 과정과 취업 컨설팅 과정으로 구분된다. 취업 컨설팅은 연령에 따라 진학 및 지도 상담이 될 수도 있고, 경력 향방을 고민하는 직장인을 위한 현실적인 상담이 될 수도 있다. 취업 영어 과정과 대부분 같이 진행되고 있기는 하다. 생각해 보면 취업 컨설팅은 생활/비즈니스/취업 영어 과정을 통해 얻게 된 나의 소중한 자산이다. 어떤 전공으로 어느 회사에 취업하고 어떻게 경력을 쌓을 수 있는지 가장 현실적인 조언을 해줄 수 있다. 수강생의 주관적·객관적 능력에 맞게 직업의 장단점을 알려 줄 수 있다. 또한 같이 국문/영문 이력서와, 한국어/영어 면접, 연봉협상 스킬도 같이 지원한다.

　신입으로 취업을 준비하는 수강생의 경우에는 취업 영어 과정을 통해서 취업 컨설팅도 함께 한다. 수업 시간에 영어로 대화하면서 현재의 상황과 미래의 목표에 대해 이야기를 나눈다. 신입의 경우 대부분 명확한 미래 목표가 없기 때문에, 내가 수강생이 어떤 사람인지 어떤 직무가 적합한지 판단한 후에 업종과 직무를 설정하고 취업까지의 모든 과정을 지원한다. 취업 후에는 비즈니스 영어 과정으로 전환해서 회사 업무에 필요한 영어와 함께 앞으로 경력을 어떻게 이어갈지도 함께 코치한다. 여기서 중심이 되는 것은 비즈니스 영어 과정이다. 경력에 대한 코칭은 영어로 자연스럽게 고민도 이야기하고, 회사 업무에 필요한 영어를 연습하면서 해결된다. 나는 코칭하면서 수강생과 같은 눈높이에서 이야기를 들어 주고, 궁금해하는 부분에 대해 객관적인 사실을 바탕으로 조언하는 역할을 한다. 직장 생활을 하면서 나를 잘 이해하고 내가 잘되길 바라는 내편을 찾기 쉽지 않은데, 나는 내 자신이 수강생에게 그런 역할을 한다고 본다. 이런 내용을 영어로 하기 때문에 수강생들도 영어로 말할 수 있을 뿐만 아니라 안심하고 도움을 받을 수 있다는 생각에 나를 만나러 카페에 오는 것을 즐거워한다.

경력직 수강생의 경우에는 대부분 이직을 염두에 두고 있어서, 신입과 다르게 진로/적성 상담의 비중이 적고 입사 지원과 한국어/영어 면접에 집중한다. 특히 요즘에는 면접에 약 80퍼센트 이상의 시간을 할애할 만큼 집중적으로 훈련한다. 나와 함께 영어 면접을 준비한 수강생의 대부분은 영어 실력이 부족하더라도, 영어 면접만큼은 언제든지 합격할 만큼 자신감과 실력을 갖추게 된다. 외우지 않으면서도 하고 싶은 말을 할 수 있게 훈련하기 때문이다.

상대가 궁금해할 내용을 예측하는 훈련

많은 한국 사람들은 면접을 할 때 모든 내용을 한꺼번에 다 말하려고 한다. 나는 상대방이 궁금할 법한 내용을 미리 예상해서 답변할 수 있게 유도하는 훈련을 한다. 이 방법을 적용하면 한국어/영어 면접이 정말 즐겁고 쉽게 느껴진다. 오랜 시간 많은 직장인들과 수업을 하면서 실무자의 시각을 잘 이해하면서 터득한 노하우 덕분이다. 대부분의 한국어 면접의 경우, 인사 관련 담당자들이 면접을 보지만 실제로 실무자의 입장에서 진실된 답변을 준비해서 말하는 게 합격의 큰 당락을 결정한다. 나는 듣기 좋게 가공된 답변보다는 구직자의 진솔한 마음을 담긴 답변을 할 수 있도록 만든다. 아무리 예뻐 보이는 옷이라도 자신에게 어울리지 않을 것 같으면 사지 않는 법이다. 나는 면접에서 구직자가 회사에 얼마나 잘 맞는 인재인지를 진솔한 마음으로 말할 수 있게 만들 수 있다.

생활 영어 코칭: 영어 하나도 몰라요. 저도 과연 될까요?

초등학교 입학 전후의 자녀를 둔 엄마

요즘에는 엄마의 역할이 정말 막중하다. 단순히 육아뿐만 아니라 아이 교육 및 진로에 대해서도 많은 정보를 갖고 있어야 한다. 그러다 보니 과거의 엄마보다 훨씬 더 바쁘다. 특히 아이가 유치원에 입학할 무렵에 엄마의 영어 고민이 심하다. 부모 자신이 영어를 못해서 사회에서 겪은 심한 무기력과 속상함을 자녀에게는 물려 주지 않으려고, 아이의 영어 실력을 키우기 위해 온갖 방법을 다 동원한다. 심지어 캐나다, 미국 등으로 온 가족이 1년 이상 이주해서 생활하기도 한다. 한두 가족이 아니라 여력이 되는 대부분의 가족이 할 수 있으면 영어권 국가로 가려고 한다. 이는 엄청난 사회적인 낭비가 아닐 수 없다.

그렇다면 국내에서는 영어를 공부할 방법이 없는 것일까? 아니다. 아이뿐만 아니라 엄마의 영어 실력도 올릴 방법이 있다. 가장 좋은 방법은 엄마가 변하는 것이다. 엄마가 영어로 하고 싶은 말을 편하게 할 수 있다면, 아이는 엄마의 영어 실력을 뛰어넘을 것이다. 그래서 나는 아이가 아니라 아이 엄마가 영어로 하고 싶은 말을 할 수 있게 코치한다.

아이를 키우는 엄마의 일상은 대부분 비슷하다. 영어로 자녀 이야기도 하고 집에서 벌어지는 다양한 에피소드를 이야기하면 된다. 직장에 다니는 엄마의 경우에는 직장생활을 주제로 영어 말하기를 연습한다. 중요한 것은 전부 자신의 주변에서 벌어지는 상황을 재료로 '영어 말하기'라는 요리를 만든다는 것이다. 모든 주제의 기준이 '나'에서 시작하기 때문에, 영어 공부한다는 생각이 들지 않고 영어로 나의 일상을 이야기하며 웃고 때로는 답답한 이야기를 속 시원히 자연스럽게 영어 실력이 늘 수 있다.

기술적인 부분에서는 4장의 영어 목소리 방법을 연습한다면, 아이가 엄마에게 먼저 와서 영어로 물어보고 서로 영어로 한마디씩 주고받으면서 영어 관심을 키울 수 있다. 매일 하지 않아도 아이와 함께 있을 때 단 5분이라도 연습하면 한 달만 지나도 효과를 느낄 수 있다.

중·고등학생 자녀를 둔 엄마

중고등학교에 다니는 자녀를 둔 엄마의 경우는 초등학생 자녀를 둔 엄마와 상황이 다르다. 이미 아이가 컸기 때문에 더 이상 자녀를 일방적으로 좌지우지할 수 없는 상황이 많다. 이때는 엄마로서 멋진 모습을 보여 줘야 한다. 아이가 어릴 때는 영어 말하기를 단 5분이라도 연습하는 모습을 지속적으로 보여 줘야 한다면, 중고등학생 자녀 앞에서는 단 한 문장을 말하더라도 자녀가 생각하기에 '우리 엄마 영어로 말할 줄 아네'라는 인상을 심어 줘야 한다. 유창하게 말하면 말할수록 좋지만, 영어로 자신 있게 말하는 문장이 최소 3개만 있으면 성공한다. 일반적으로 'I want to ~', 'I would like to ~', 'What are you doing'이 들어간 영어 문장만 '스스로' 생각하기에 잘한다고 여길 정도로 연습하면 된다. 3장의 '레고 블록처럼 영어 문장 조립하기' 훈련을 통해서 자신이 가장 쓰기 편한 문장을 만들면 된다. 그리고 눈치 빠른 독자는 이미 아시겠지만, 더 간단한 방법도 있다. 4장에 나온 대로 영어 목소리를 내는 것이다.

국제학교에 다니는 자녀를 둔 엄마

자녀를 국제학교에 보내는 학부모도 점점 늘고 있다. 아이가 미국계 학교를 다니든 영국계 학교를 다니든 학부모로서 가장 큰 고민은 바로 아이 선생님과의 면담이다. 선생님이 아이에 대해 설명하는 것은 어떻게든 눈치껏 알아들을 수 있지만, 대답은 한마디도 못한 채 "예스"만 반복하는 분들이 주로 고민을 털어 놓으러 온다. 이런 경우에는 아이를 직접 상담하는 것과 같은 방법으로 수업을 진행한다. 학부모로서 아이의 상황과 성격을 자세히 알고 있기 때문에 꼭 필요한 말이나 해야 할 말을 코치한다. 중요한 것은 절대 외우지 않아야 한다는 것이다. 우리 뇌 속에는 '영어 문장을 만드는 공간'이 있다. 그 공간에서 나오는 영어를 바탕으로, 학교에 면담 가서 때로는 불만을 표시하고 때로는 감사의 인사를 전할 수 있게 연습한다.

원어민 선생님이라고 기죽기보다는 학부모로서 당당하게 할 말을 다 해야지 선생님도 아이를 조금이나마 조심스럽게 대하려 할 것이다. 만약에 아이가 학교에서 있었던 안 좋은 일을 부모에게 말했을 때, 부모가 영어로 불만사항을 말할 수 있다면 선생님들도 상황을 제대로 파악하고 문제를 해결할 수 있다. 이와 반대로, 영어 면담이 무서워서 학교에 아예 가지도 않거나 배시시 웃으면서 말도 못하고 대답만 짧게 하는 학부모가 있다면, 그 학부모의 자녀에게 신경을 덜 쓸 수도 있다고 생각한다(나의 지극히 개인적인 생각이다. 실제로 국제학교 원어민 교사들은 최대한 공정하고 객관적으로 평가하는 성향이 강하다고 한다).

50세 이상의 성인

대부분 대학생 이상의 자녀를 둔 엄마다. 이제는 해외에 여행을 한 번쯤은 다녀오고 싶은 욕심이 드는 시기이기도 한다. 처음 여행을 가는 분들은 영어로 한마디라도 하고 싶어 하고, 해외에 몇 번 갔다 오신 분들은 이제는 쉬운 단어를 쓰더라도 간단하게라도 하고 싶은 말만 하고 싶다고 푸념한다. 이런 분들에게는 영어 실력을 가장 빨리 기를 수 있는 방법을 적용한다. 아주 빠르고 간단하게 익힐 수 있어서, 이 과정을 빨리 끝내고 스스로 놀랄 만한 주제로 수업을 진행한다.

그 방법은 수강생이 최대한 빠르고 편하게 '하고 싶은 질문'을 영어로 할 수 있게 훈련시키는 것이다. 이 방법은 정말 쉽다. 대부분 영어에 자신 없어 하는 50대 이상의 수강생에게 적용했다. 일정한 규칙에 따른다면 무한정 문장을 만들 수 있다. 영어 이론이 필요한 것도 아니다. 3장에 소개한 '질문하기' 방법대로 연습하면 된다. 수업 시간에는 주로 [421 질문], [431 질문] 질문 방법을 연습하는 훈련을 한다. 문장구조 등의 영어 문법은 가능한 한 적게 최소 분량으로 쌓되, 나머지 시간에는 전부 연습을 한다.

50대 이상의 수강생들은 음식점, 호텔, 길 등 환경을 바꿔가면서 롤플레잉을 하면 어느 순간에 기본 여행 영어는 전부 다 구사한다. 이 기세를 몰아서 일상적인 질문과 대답을 배우면, 평소 주변에서 일어나는 일들을 자신도 모르게 영어로 말하는 모습에 스스로 놀란다. 심지어 경제, 정치나 부동산, 주식 등의 관심 분야로까지 영역이 확대된다. 전부 이미 알고 있는 쉬운 단어로 말이다. 영어 문장을 조합하는 힘을 키웠기 때문에 가능한 일이다.

한 50대 수강생의 경우, 한국어로도 말하기 힘든 주제에 대해서 영어로 이야기할 수 있다. 심지어 정부 정책에 대한 견해, 미세 먼지 문제 등 쉽게 이야기하기 힘든 분야도 영어로 척척 이야기한다. 그것은 나와 1:1 수업을 하면서, 영어 단어를 몰라도 아는 단어 내에서 이야기할 수 있게 연습하기 때문이다.

대학생 코칭(아카데믹 영어):
영어 말하기 실력이 필요해요

국내 대학생

국내에서 중등 교육 과정을 마치고, 국내 대학에 졸업한 학생이 업무를 잘 수행할 만큼의 영어 실력을 갖고 있다면 어떨까? 의심할 여지 없이 국내에 소재한 외국계 회사뿐만 아니라, 대기업에서 앞다투어 채용하려고 할 것이다. 그만큼 희귀하고 회사에서 가장 원하는 인재다. 학교에 다닐 때는 어학 점수만 있으면, 영어에 대한 걱정이 없을 줄 알았는데, 막상 취업 준비를 하려고 하면 실전 영어 능력도 필요한 상황이 된다.

이런 상황의 대학생들에게 나는 동일한 코칭 가이드로 수업한다. 주제가 좀 더 달라질 뿐이다. 학교 생활과 전공에 대해서 많은 이야기를 한다. 토론과 토의 등도 같이 할 뿐만 아니라, 또래에 겪을 만한 이성, 친구 관계 등 다양한 주제에 대해서 영어로 이야기한다.

최근에 대학 신입생이 된 한 수강생의 경우는 영어 공부를 많이 했고 시험에서 좋은 점수도 받았지만, 영어로 편하게 말하려고 하면 상당한 두려움과 걱정이 앞서던 학생이었다. 하지만 내 생각에는 이미 충분한 지식과 실력을 갖고 있었다. 나는 국내에서 중학교만 졸업하면 영어로 말하는 데는 필요한 기본 지식은 다 갖고 있다고 생각한다. 심지어 공부한 내용이 기억이 안 날지라도 말이다.

일단은 두려움을 없애는 게 급선무였다. 두려움을 없애려면 자신의 이야기를 할 줄 알아야 한다. 우선 과거 및 현재 고민에 대해서 많은 이야기를 했다. 영어로 말하는 게 느리고 생각이 잘 안 날지라도 편안하게 말할 수 있게 기다려 주었다. 수강생은 한 문장 한 문장 조심스럽게 말을 이어나갔다. 고민을 이야기하려다 보니, 생각도 많이 하게 된다. 나는 그 부분에 집중했다. 영어로 말을 많이 하는 것이 중요한 게 아니라, 자신의 생각을 영어로 전달할 수 있는 능력이 중요하다. 이 수강생도 고민을 생각해서 이야기 해야 하니, 영어로 말을 조금 느리게 하더라도 심리적으로 당연하게 생각하게 되었다.

횟수가 거듭될수록 고민 이야기를 할 때 속도가 붙었다. 수강생에게 수업 때 그 내용을 한 번만 묻는 것이 아니라, 다음 시간에도 핵심 내용을 재차 물어봤다. 신기하게도 분명히 자신이 말했던 내용인데도 수강생이 기억을 못하는 경우도 있었다. 그만큼 영어로 말할 때 정신을 놓을 정도로 많이 긴장하고 당황하기 때문이다. 이런 과정을 몇 번 반복하다 보니, 고민 이야기는 더 이상 고민(?)하지 않고 말할 정도로 편하게 말했다. 이때부터 주제를 바꿔서 전공, 관심 분야에 관한 이야기를 할 수 있게 자연스럽게 유도했다.

지금 이 수강생은 내게 새로운 정보나 재미있는 이야기를 들려줄 정도로 영어에 자신감이 붙었다. 주변에 영어 잘하는 친구들이 많아서 항상 주눅 들었는데, 학교에서도 외국인 교수에게 당당히 질문할 정도로 많이 편해졌다고 한다. 영어로 말하는 데 자신감이 생기니 학교 생활에도 적극적인 자세가 되었고, 나중에 해외에서 공부하거나 일할 꿈도 가질 수 있다고 좋아하는 모습을 보면서 나 역시 뿌듯함을 느낀다. 내게 영어 점수를 만점으로 올리는 재주는 없지만, 영어 자신감을 키워서 영어 때문에 꿈을 포기하지 않게 하고 희망을 주는 능력은 탁월하다.

해외 대학생

해외 대학생들은 방학 때 국내에 오거나, 휴학 등 여러 이유로 국내에 머무를 때 나와 수업을 한다. 미국에 있는 학생의 경우에는 스카이프(Skype, 화상 통화 서비스)로 수업을 진행한다. 많은 사람들이 반문할 수도 있다. '아니, 어떻게 미국에 있는데' 또는 '미국 유학생인데 영어 공부를 하지?'라고 말이다. 장소가 어디에 있든지 본인이 노력해야 영어로 말할 수 있다. 유명한 엔터테인먼트에 소속되어 있다고 다 데뷔하고 인기를 얻는 것은 아니다. 소속사에서도 수많은 노력이 필요하듯이, 오히려 영어권에 있으면 영어 실력을 키워야 된다는 부담감이 커서 생각만큼 실력이 오르지 않는 경우도 있다. 아마 부담감만 없어도 원하는 만큼의 실력을 가질 수는 있을 것이다.

해외에 대학을 다닐 때, 한국 유학생이 가장 힘들어하는 것 중의 하나가 사람들 앞에서 의사표현을 잘 못한다는 것이다. 대부분의 유학생들이 발표를 한다거나 토론/토의 수업을 할 때, 자기 의견을 말하는 것에 익숙하지 못한 게 현실이다. 심지어 틀릴까 봐 지레 겁 먹는 경우도 많다. 이런 현상은 주입식 교육에 길들어진 탓이기 때문인 것 같다. 나이가 들고 사회 생활을 하면서 현실에서 부딪히면서 그동안 받았던 주입식 교육과 정해진 틀에는 반대하고 저항하지만, 영어만큼은 주입식 교육을 벗어나지는 못하는 것 같다.

대학생들과 수업을 진행하면 참 재미있다. 유튜브 문화에 익숙해서인지, 수업 자료도 관심 있는 유튜브를 같이 보면서 영어로 이야기한다. 게임 이야기도 하고, 마약이나 총기의 위험성 등 한국에서 겪지 못할 주제에 대해서 이야기한다. 흥미 위주의 대화가 아니라 실제 현지에 필요한 지식도 내가 알려 주고 그 주제에 대해 이야기하기도 한다. 예를 들어 미국과 한국의 은행 시스템은 다르다. 우리는 ATM에서 계좌의 입금/출금이 실시간으로 계산되어 보이는 반면, 미국은 입금/출금이 구분되어 있다. 이 주제로만 이야기해도 회계, 금융, 정책, 문화 등 다양한 이야기를 할 수 있다. 수강생이 주제에 대해 잘 모르더라도, 내가 전문용어에 대해 같이 인터넷으로 찾아서 글을 읽고 동영상을 보면서 배울 수 있게 수업을 진행한다. 구글 이미지로 사진을 보면서 실제로는 어떻게 다른지 파악하기도 한다. 그러면서 같이 이야기하고 생각을 나누면서 자연스럽게 영어로 말할 수 있도록 유도한다.

내가 수업을 진행할 때는 점수에 따른 등급을 구분하지 않기 때문에 수강생들은 정말 즐거운 마음으로 수업에 온다. 편하게 영어로 말할 수 있을 뿐만 아니라, 숙제도 거의 없고 점수에 대한 압박도 없으니 그만큼 편할 수도 없을 것이다. 마음이 편하면서도, 수업이 진행될수록 스스로 영어 실력이 늘고 있다는 것을 실감하기 때문에, 나와 이야기하는 것을 즐겨 한다. 나 역시 이제는 20대를 넘긴 지 오래되어서 새로운 세대와 함께 이야기하는 것이 즐겁다.

취준생 영어 코칭: 취업 영어 과정으로 취업에 성공하다

영어 하면 겁부터 나는 취업 준비생, 영어로 입을 열다

단군 이래 최고의 스펙으로 무장하고 있는 대학생들과 취업준비생들이야말로 영어 말하기 고민을 가장 많이 하는 사람들이다. 상담을 해보면, 아무리 노력해도 영어 말하기가 쉽지 않다고 이야기한다. 이 고민을 해결할 방법은 있다. 일상생활에서 영어를 말하는 기회를 지속적으로 만들면 된다. 24시간 영어를 써야 하는 환경을 말하는 것이 아니다. 일주일에 1번씩만 해도 충분하다.

다음 수강생의 사례는 대다수 대학생이나 취업 준비생들이 공감할 만한 내용이다. 이 수강생은 10년 이상 영어를 배우면서도 영어에 대한 두려움이 늘 있었다고 한다. 점수를 따기 위한 시험용 영어만 공부해서인지 입으로 영어를 하려고 하면 겁부터 나고 입 밖으로 영어를 내뱉는 게 쉽지 않아서 속상했다고 한다. 상담하러 오는 많은 사람들처럼, 머리로는 문법에 맞게 영어 문장을 조합하기 바빴고, 만들어낸 문장조차 입 안에서 맴돌기만 했으니 얼마나 답답했을지 상상이 간다. 그래서 영어를 꾸준히 말할 수 있는 장소를 찾아 내 영어 카페에 오게 된 것이다. 이 수강생과의 수업에서 집중했던 것은 다음과 같다.

첫째, 심리치료부터 시작했다. 영어에 대한 이유 모를 두려움을 거의 없앴다. 수업을 하면서 이 수강생은 영어를 내뱉는 것을 더 이상 두려워하지 않게 되었다. 기존에 알고 있는 단어를 활용했기 때문에 더 이상 영어 때문에 진땀 흘리는 일이 없어졌다. 어휘가 완벽하지 않아도 어떻게든 의사소통을 위한 노력을 할 수 있게 된 것이다. 갑자기 원어민에 가까울 정도로 영어 실력이 바뀌는 것이 아니라, 영어를 말하는 것 자체가 편해진다는 것이 가장 큰 효과다.

둘째, 교과서에서 벗어나 많은 주제를 다뤘다. 국내에서 공부하는 대부분의 사람들은 기존의 한정된 주제로만 영어를 배우다 보니, 말하는 주제도 틀에 갇혀 있었다. 나와 수업을 하면서 많은 뉴스와 정보를 다루다 보니 배경 지식도 늘고 다양한 어휘와 표현을 학습하게 되었다. 많은 주제를 다뤘다는 것만으로도 영어를 사용해서 이야기를 끌고 갈 힘을 기를 수 있었다. 한두 문장만 말하고 나면 대화가 끊어지던 것에서 이제는 한두 시간 이야기를 이어갈 수 있는 능력을 갖추게 된 것이다.

여러 주제의 뉴스 외에도 영어책을 함께 읽기도 했고, 영어 동영상도 이용했다. 다양한 학습 자료를 접하게 되면서 수강생도 직접 인터넷에서 자신이 필요한 자료를 모을 수 있는 안목도 기르게 되었다. 그리고 각 자료 특성에 맞추어 수업 방식도 유기적으로 바뀌기 때문에 매번 즐겁게 수업에 참여할 수 있게 유도했다. 1:1 수업인 만큼 수업을 이끄는 사람의 역할이 정말 중요하다.

셋째, 교과서적 문법보다는 말하기를 위한 문장 분석을 이해하게 했다. 3장의 '레고 블록처럼 영어 문장 조립하기' 훈련을 하면서, 영어 문장을 빠르고 자신 있게 말할 수 있게 되었다. 예전에는 한국어로 먼저 작문한 후에 영어로 번역해 말을 했다면, 모든 영어를 머릿속으로 작문해서 말할 수 있는 능력을 키울 수 있게 된 것이다.

어학 점수 없어도 취업에 성공하다

요즘에는 취업 준비를 일찍 시작해서 어학연수를 하고 졸업하는 학생이 많지만, 반대로 스스로 어학 실력이 낮다고 생각해서 전혀 준비하지 않는 학생도 많다. 하지만 대부분 알고 있듯이, 어학시험 점수가 높다고 해서 영어 말하기를 잘하는 것은 아니다. 게다가 영어 면접은 별개의 영역이다. 우리가 한국어를 모국어로 쓰더라도, (한국어) 입사 면접을 따로 준비하는 것과 마찬가지다.

한 수강생이 찾아왔다. 어학 시험 점수가 없었고 정규직으로 근무한 경험 없이 단기직으로만 일을 한 사람으로, 4년제 대학교에서 유럽어 중 하나를 전공했다. 취업에 유리한 경제, 경영 등의 학과를 복수전공하거나 부전공한 것도 아니었다. 20대 후반의 적지 않은 나이에 취업을 거의 포기하고 싱가포르로 여행을 가려던 이 수강생은, 상담 후 취업 영어 과정에서 취업 컨설팅 과정으로 변경해서 3개월 만에 원하는 회사의 원하는 직종과 직무를 찾아 취업했다.

이 수강생의 경우, 영어 수업 상담과 동시에 고민을 들어 주면서 영어로 말하고 싶어 하는 이유와 여행의 목적, 그 후의 계획 등도 자연스럽게 알게 되었다. 방송 리포터로 ○○시에서 꾸준히 활약했지만, 일을 그만두고 앞으로의 진로를 고민하던 차였다. 이 수강생의 이야기를 들으면서, 나는 분명히 취업할 길이 있다고 생각했다. 장점과 능력이 명확한데도 불구하고, 취업에 어떻게 적용할지 모른다고 판단했다. 비단 이 수강생뿐만 아니라, 30대 이하의 사람들이 대부분 비슷한 고민을 한다. 이 수강생이 취업을 포기하고 막연히 해외 여행을 가서 한국에 돌아온 후의 미래를 설계한다는 것은 너무 불명확한 계획이었다. 여행을 갔다 와서 다시 고민할 모습이 뻔히 그려졌다. 나는 이 수강생에게 희망과 현실적인 가능성을 보여 주고 싶었다. 할 수 있는 일을 노력해서 찾을 수 있다는 사실을 스스로 증명하게 하고 싶었다. 그래서 취업 컨설팅 과정으로 취업에 도전하자고 제안했다. 1:1 과정이기 때문에 개인 맞춤식으로 수업을 진행할 수 있다고 말하면서, 취업 보장은 못하지만 본인이 포기하지 않는다면 모든 지원을 아끼지 않겠다고 했다. 며칠 후에 이 수강생은 취업 컨설팅 과정에 등록했다.

커리어 계획에 많은 경험이 있는 나는, 커리어 계획을 세 가지 측면에서 조언했다. 첫째, 수강생 본인의 강점을 정확히 파악한다. 둘째, 자신의 적성에 맞는 직무를 찾게 한다. 셋째, 일하고 싶은 업종을 정하게 한다. 이 세 가지 사항을 확인한 상태에서 영어 면접을 준비했다. 보통 영어 면접을 준비한다고 하면 한국어 답변을 준비하고 그 답변을 번역해서 달달 외운다. 나는 절대 그렇게 하지 않는다. 한국어 답변도 같이 준비하지만 방법에서 차이가 난다. 구직자의 강점에 따라 실무자의 시각과 인사 담당자의 시각을 모두 반영한 답변을 만들고 나서, 구직자가 내용을 완벽히 이해해 자신의 것으로 온전히 만들게 한다. 중요한 것은 허구나 허위가 없어야 한다는 것이다. 스스로 생각하기에 떳떳한 사실을 기반으로 내용을 만들어야 한다.

내게는 면접에서 구직자를 돋보이게 할 답변을 만드는 노하우가 있다. 예를 들어 신입사원 구직자의 경우 단순히 "판매직 아르바이트를 해본 적 있다"라고 답변하기보다는, 면접관에게 질문을 유도할 수 있는 답변으로 말하는 것이 좋다. 같은 대답이라도 "상품 판매 아르바이트를 하면서, A 상품이 어떤 시간대에 잘 팔리는지 파악했고, 왜 그렇게 인기가 많은지 손님과 대화하면서 소비자의 구매의도를 파악했습니다"라고 답변한다면, 면접관이 그 답변 내용을 더 자세히 알고 싶다면 다시 질문을 할 것이다. 흔히 말하는 꼬리 질문이다. "어떤 상품이 어느 시간대에 잘 팔렸습니까? 그 이유는 무엇인가요?"라고 질문하는 면접관이라면 '매출'에 관심이 많은 사람이다. 반면 "소비자가 왜 제품을 구매한다고 했나요?"라고 질문하는 면접관은 마케팅 관련해서 소비자의 구매 의도를 파악하는 데 초점을 두고 있다. 만약 면접관이 질문을 하지 않는다면? 다른 중요한 질문을 하려고 하기 때문일 수 있다. 그때는 다른 질문에 대해 답변할 마음가짐만 있으면 된다.

이 수강생의 경우, 방송활동을 해서 의사표현을 분명하고 밝게 하는 장점이 있어서 영업이나 마케팅 직무를 생각했고, 나는 수강생의 개인적인 성향과 선호도를 파악한 내용을 바탕으로, 의료, 뷰티 산업, IT의 세 업종을 선정해서 집중적으로 취업을 준비하게 했고 면접 준비를 했다. 나의 추천에 따라 수강생은 한국어/영어 면접 전에 해당 분야에 대해 공부하면서 자신의 적성을 파악하기도 했다.

과거 방송사에서 근무했던 수강생의 독특한 경력을 활용하여 예상 가능한 답변을 한국어/영어로 준비해서 연습시켰다. 스크립트를 통한 암기가 아니라, 어떤 질문이 오더라도 짧게 바로 답변하는 훈련이었다. 이 훈련은 나열된 '핵심 키워드'를 보면서 단어와 단어 사이에 빈

TIP ▶ **영어 면접에서 가장 중요한 것은 무엇일까?**

영어라고 생각하겠지만, 영어보다 더 중요한 것이 있다. '구직자가 지원하는 직무에 얼마나 적합한지를 면접관에게 '인식'시키는 일이다. 영어 면접에서 중요한 것은 배경이 아니라 그 순간에 영어 커뮤니케이션 능력을 얼마나 잘 보여 주는지가 핵심이기 때문이다. 직무 능력, 인성, 업무 적응력 등이 뛰어난 사람이 영어로 잘 표현해야 영어 면접에서 합격할 수 있다. '영어로 잘 표현한다'는 것은 '영어를 잘한다'와는 조금 다르다. '잘한다'는 어학 점수, 상황별 커뮤니케이션 능력, 해박한 문법 지식, 빠른 독해력 등을 일컫지만, '잘 표현한다'는 자신의 말을 상대방이 명확히 이해하고 공감할 수 있게 만드는 것을 말한다.

영어는 단지 지식을 전달하는 매개체에 불과하다. 해외에서 성공한 유명한 한국인들을 봐도 영어로 말을 잘해서 성공한 사람보다는 그렇지 않은 사람이 더 많다. 영어로 아무리 말을 잘한들 결국 원어민 수준으로 말할 수 없기 때문이다. 그 사람들의 실력은 탄탄한 업무 경험과 지식에서 나온다. 영어 면접에서는 업무 경험과 관련 지식을 갖춘 사람이 영어로 답변을 잘하는 사람이 면접관에게 신뢰감을 준다.

부분을 채워서 문장 만드는 능력을 극대화하는 것이다. 영어 면접에 대한 자신감이 생기니, 이 수강생은 한국어 면접에도 덩달아 자신감을 회복했다. 자신의 독특한 경력과 자신이 마케팅 업무에 적절한 이유를 한국어/영어로 상대방에게 충분히 설명하게 했다. 실제 면접을 보면서 자신에게 맞는 회사를 찾기까지 3개월밖에 걸리지 않았다.

해외 거주 경험 없어도 취업에 성공하다

남들 다 갔다 왔다는 어학연수도 여러 사정으로 인해 못 가서 속상해하는 사람들이 많다. 일반적으로 영어권 국가에 있으면 영어를 배워서 잘할 수 있다고 생각하지만, 장소가 중요한 것은 아니다. 장소가 아니라, 가장 빠르게 영어회화를 잘할 수 있는 방법을 찾는 게 중요하다. 자신이 노래를 못 부르는데 노래를 잘하는 가수들 사이에 있다고 한들 저절로 노래를 잘할 수 있게 되는 것은 아니다. 나의 부족한 실력은 노력으로 극복해야 한다.

해외에 체류한 경험이 없어도 국내에서 자신의 노력으로 영어 실력을 키울 수 있고, 취업에도 성공할 수 있다. 어학연수 등의 해외 경험이 없어도 영어를 잘하면 면접이나 실무에서 오히려 긍정적인 시선과 기회를 받을 수 있다. 국내의 시스템에 적응해서 나온 영어라는 성과물이 좋다면, 회사에서도 자사 시스템하에서도 좋은 성과를 낼 수 있다고 생각한다.

이 수강생은 소위 '스펙'이라고 부르는 학점 및 어학 성적 등의 객관적인 지표는 다소 부족했지만, 자신의 강점이었던 카메라 분야의 여러 경험을 인정받아 서류 통과 및 면접 기회를 얻은 사람이었다. 영어 울렁증과 부족한 영어 실력에 두려워하던 차에 여자친구의 소개로 내가 운영하는 카페를 알게 되었다고 한다.

수강생이 인천에서 서초동의 카페까지 상담 왔던 날이 기억난다. 자신의 강점뿐만 아니라 약점도 명확히 알고 있었다. 취업에서 성공 조건인 자신의 강점 파악, 근무하고 싶은 업무와 업종, 이 세 가지 요건이 충족되었던 순간이다. 그래서 자신 있게 "합격할 수 있습니다!"라고 말해 주었다. 일단은 영어가 서툴러서 당황하는 상황을 해결하기 위해 영어로 질문했다. 내 예상대로, 수강생은 영어 울렁증으로 아무 말도 못하고 당황해 했다. 그건 그 사람의 잘못이 아니었다. 영어에 대한 공포와 긴장감을 만든 영어 교육 시스템의 문제였다. 이런 현실을 잘 알고 있어서, 나는 언제나 용기를 주고 편하게 웃으면서 영어 면접 답변을 유도했다. 일부 문법적으로 틀린 대답도 있었지만 내용상 이해하기에 큰 문제가 없으면 말하지 않고 지나쳤다. 문법적인 오류는 지극히 시험용 영어에서만 필요하다. 우리말로 면접을 본다면 아무도 '앗, 내 한국어 문법 틀렸다! 깨끗히가 아니라 깨끗이로 말해야 했는데…'라고 걱정하지는 않는다. 면접에서 답변할 내용과 면접관의 질문 의도만 파악하려도 해도 머릿속이 복잡하기 때문이다.

면접 리허설에서 영어 문장을 교정할 때도 이 수강생 입장에서 쉬운 단어로 말할 수 있게 교정했다. 어려운 단어가 아니라 본인이 가장 편하게 쓸 수 있는 단어로. 잘못된 부분을 바로 지적해서 바꾸기보다는 "이렇게 하면 더 좋을 것 같다"라고 하면서 잘못된 부분이 있어서 지적당했다는 생각이 들지 않도록 했다. 다만 '코치 찰리의 조언대로 다르게 답변할 수도 있다'라고 생각하게 했다. 영어 면접 답변을, 정확한 답을 요구하는 영어 시험처럼 생각하지 않도록 심혈을 기울였다. 심리적인 치료를 한 것이었다.

그 후에는 면접장에서 묻는 질문을 미리 예상해서 기본 영어 스크립트를 만들어 반복 연습을 통해 입에서 자연스럽게 영어가 나올 수 있게 했다. 무엇보다 외우지 않게 했다. 일정이 촉박한 경우여서 아침, 오후, 저녁 시간을 최대한 활용해서 단기간에 연습하게 했다. 수강생에게는 열정도 있었고, 카메라 분야에서 모든 사람이 희망하는 회사였기 때문에 나와 수강생 모두 아주 열심히 노력했다. 덕분에 수강생은 영어 면접을 봤던 면접관에게 영어 잘한다는 칭찬까지 들을 수 있었고, 최종 합격했다.

해외 거주 경험은 있지만,
영어 말하기가 잘 안 되는 경력직을 이직시키다

외국계 회사에서 오랫동안 근무했다고 해서 영어를 편하게 구사하는 것은 아니다. 매일 영어를 쓸 수 있는 환경이므로, 학교나 해외에서 배우는 것보다 활용하기 좋은 단어 및 표현, 스타일은 배울 수 있다. 아무래도 비즈니스 영어를 써야 하기 때문에 효과를 빠르다는 장점도 있다.

이 수강생은 유명 글로벌 회사에서 10년 넘게 근무했지만, 영어로 말하는 것이 힘들어서 피하고 싶은 일 중의 하나라고 했다. 외국에서 손님이 오면 휴가를 낼 정도였다고 하니 마음고생이 얼마나 심했는지 상상이 간다.

수강생이 노력을 아예 안 했던 것도 아니었다. 유명 영어학원도 다니고, 원어민과 1:1 영어수업도 했고, 수많은 영어학습서를 사서 공부하는 등 노력을 많이 했지만 항상 중도에 포기했다. 시도와 포기를 오가며 시간을 보내다가, 영어 말하기를 정말 잘해야 하는 순간이 닥쳐왔다. 이직하기 위해 영어 면접을 봐야 하는 상황이었다.

상담을 하면서 이 수강생의 3가지 조건을 검토했다. 경력 직원이어서, 자신의 강점, 근무하고 싶은 업무와 업종, 이 세 가지 조건을 모두 알고 있었다. 이 경우에는 크게 힘들이지 않고 영어 말하기 훈련에 충실하면 된다. 여기서 중요한 것은 강점이다. 대부분의 사람들은 자신의 약점만 잘 알고 강점은 모르기 때문에 강점을 아는 것이 훨씬 더 중요하다.

첫 시간에는 영어 면접을 편하게 진행했다. 수강생은 간신히 자기소개 몇 문장만 말했다. 준비를 하지 않기도 했지만, 자신을 곧바로 영어로 소개하는 것을 부담스러워했다. 내가 고민했던 점은, 이 수강생은 영어 스크립트를 외우면 외운 티가 바로 나는 사람이라는 것이었다. 누가 들어도 외워서 하는 답변이라는 느낌이 들 정도였다. 그래서 간단한 발음인 [f], [p], [w], [l], [r] 등 힘들어 하는 부분부터 같이 연습했다. 어려운 단어가 아니어서 마치 노래 연습하는 기분으로 편안하게 발음할 수 있게 연습했다.

영어 면접 답변을 준비하면서 기본 스크립트는 만들었지만, 수강생이 아이디어만 참고하게 했다. 질문에 대한 답변을 계속 반복해서 말하게 하고, 답변 내용의 의도를 이해시키면서 나머지 부분을 채웠다. 가능하면 가장 짧은 문장으로 답변하되, 꼬리 질문이 있는 경우처럼 중요한 질문에서는 길게 답변할 수 있게 훈련시켰다. 길다고 해서 1페이지에 가득 찰 정도로 긴 답변을 하는 것이 아니라, 최소 3문장에서 5문장 사이에서 말할 수 있게 하는 것이다.

일반적으로 영어 면접에서는 사례에 대해 이야기하는 것이 아니라면 답변을 길게 하지 않는다. 흔히 국내 대기업 영어 면접에서 질문을 하면 구직자들이 줄줄이 외운 답변을 장시간에 걸쳐 말하는 경향이 있는데, 외국계 회사나 영어를 업무상 사용하는 회사의 경우 1:1 면접에서 탁구를 치듯 짧게 이야기를 주고받다가 길게 설명하는 패턴을 반복하는 것이 적절하다. 그래서 짧고 쉬운 문장으로 시작해서 다음에 할 말을 연상하거나 응용하는 방법으로 면접 답변을 훈련했다.

직장 경력은 많았지만 영어 공포감이 큰 사람이어서 나도 더 폭넓게 배려하는 마음가짐이 필요했다. 1:1 영어 수업을 많이 하면서 느낀 것은, 초보자와 수업할 때는 밝은 미소로 잘 들어 주고 친절하게 답변하는 능력이 초보자의 실력을 중급으로 이끄는 코칭의 핵심이라는 것이다. 이런 마음가짐과 자세를 기본으로 갖춰야 비로소 영어로 말하는 기술적인 노하우를 효과적으로 전수할 수 있다.

"항상 자신감 없어서 주저하는 제게 잘하고 있다고 독려해 주시고, 10분도 혼자 말하기 어려워하던 제가 지금은 수업시간이 모자랄 정도로 영어로 수다를 떨고 있습니다." 이 수강생이 나중에 감사 인사로 전한 말이다. 많은 수강생들에게 듣는 말이기는 하지만, 나처럼 외우는 것을 아예 하지 못하는 동지를 만나서 영어에 대한 생각을 바꿨다는 것만으로도 기뻤다. 여담이지만, 나는 마트의 지하주차장에 주차해 놓고 꼭 사진을 찍을 정도로 기억력이 안 좋은 편이다. 이 수강생은 영어 면접을 통해 외국계 회사에 입사했고, 현재 외국인 매니저와 매일 영어로 통화하는 일을 하고 있다.

어학 점수는 높지만 영어 말하기가 안 되다

요즘 취업을 준비하는 대학생들의 영어 시험 점수는 전부 상향 평준화되어 있다. 거의 50퍼센트 이상의 학생들이 좋은 점수를 취득하고 있어서, 가장 많은 수강생이 어학점수는 높지만 영어 말하기가 안 되는 경우에 해당한다. 어학 점수가 상당히 높지만 말을 못하는 경우에는 좌절감이 크다. 어학 점수가 높은 사람들은 당연히 공부할 필요가 없다. 오히려 영어 공부 안 하는 것을 추천한다. 영어 지식이 충분하다 못해 넘치기 때문이다.

영어 말하기 연습을 할 때, 이런 수강생에게는 처음에는 하고 싶은 말을 짧은 문장을 통해 간단히 하는 훈련을 시킨다. 짧은 문장을 여러 번 주고받는 방법으로 '영어 순발력'을 기르는 것이다. 눈으로는 알지만, 입은 모르쇠로 일관하고 있는 단계이므로 환경을 바꿔야 한다.

이 단계에서 취업 경력이 없는 수강생의 경우에는 관심사, 꿈, 미래 포부, 개인적인 성격 등 광범위한 주제에 관해서 이야기하고, 경력이 있는 수강생의 경우에는 경력, 업무 등 일에 관한 주제에 관해서 이야기한다.

영어로 말을 잘하기 위해서는 당연히 말을 해야 한다. 다만 그 주제가 자신에게 100퍼센트 필요한 것이어야 효과가 있다. 만약 교재로 동영상으로 남들이 하는 대로 눈으로 보고 공부한다면, 눈과 머리는 영어 말하기 실력을 키우고 있다고 인식하지만, 정작 움직여야 하는 입은 침묵하고 있는 것이다. 면접이라고 생각하고, 나 자신의 능력을 마음껏 영어로 말해야 한다.

일반적으로 한국어 답변도 같이 준비하기 때문에, 영어로 말하더라도 논리는 같다. 면접 준비를 할 때는 반드시 자신의 전문 영역에 대해 깊이 있는 질문도 영어로 술술 질문할 수 있어야 한다. 대부분의 수강생들은 전문용어를 모르기보다는, 영어로 말하는 게 낯설어서 못한다. 지원부서와 업무 특성에 맞는 질문을 하면서, 수강생의 답변을 유도한다. 한국어로는 자신의 전문 분야를 잘 말할 수 있지만, 영어로는 시도해 보지 않으면 면접에서 질문을 받고 말을 아예 못하거나 대답을 주저하는 상황에 처한다.

변호사인 한 수강생은 영어 면접 준비에 엄청난 부담을 느끼고 있었다. 보통 의사, 변호사, 회계사, 세무사 등 전문직종 사람들은 영어를 잘할 거라는 인식이 있다. 엄격하고 까다로운 전문 자격시험에 통과한 사람들이므로 명석한 사람들이 많다. 다른 사람들 시각에서는 '영어는 공부 = 공부를 잘한다 = 영어를 잘한다 = 영어로 말을 잘한다'라는 '암묵적인 논리'가 성립되는 것이다. 하지만 영어 말하기는 공부가 아니기 때문에, 영어로 말을 잘하는 것은 별개의 일이다.

전화 상담 후 카페를 방문한 이 수강생은 고민을 털어놓았다. 재판에 출석하는 '송무변호사'가 아니라 '사내변호사'로서 안정적인 경력을 만들고 싶어 했고, 이직하려는 회사에서 예기치 않게 영어 면접을 요구해서 큰 장애물을 만난 기분이었다고 했다. 사법고시를 오랜 기간 준비하면서 해외 유학이나 해외 거주 경험이 없었고, 겨우 졸업할 정도의 토익 성적만 있었기 때문에 자신감이 많이 떨어진 상태였고 스스로 심각한 상황이라고 인지하고 있었다. 영어 면접에 대비해 어떻게 준비할지조차 막막해서 면접을 포기할 고민을 하고 있었다. 상담 후 안정감을 찾은 수강생은 집중훈련을 통해 포기하려고 생각했던 영어 면접에 도전하겠다고 결심했다.

취업 영어 면접 과정에 등록한 수강생과 수업할 때는 내가 영어 면접을 치르는 것처럼, 수강생에게 수업 외에도 정보를 수집해 주거나 면접 대비 자료를 찾아준다. 내가 직접 구직자가 된 입장으로 수업을 진행하기 때문에 같이 수업을 하는 수강생들은 내 마음을 알아준다. 그다음 단계로, 터놓고 영어로 이야기할 준비를 한다. 면접 과정에 등록한 대부분의 수강생들은 입을 열어 영어로 내뱉는 것조차 어색해하는데, 편안한 환경을 조성하면 영어로 입을 열 수 있다. 주로 '어… 음… 음…' 이라고 하며 무슨 말을 해야 할지 주저하던 사람이 스스로 확신을 갖고 자연스럽게 입을 열 수 있게 만든다.

이 수강생에게는, 기초 스크립트를 만들지 않고 중요 단어 키워드만 나열해서 그 사이를 채워서 스스로 생각해 문장을 만들 수 있게 연습시켰다. 두뇌가 명석한데다 지원 분야에 대해서는 해박하게 알고 있지만, 영어를 언어로 사용하는 연결 고리가 약해서 그 부분을 강화한 것이다. 이 훈련은 주로 전문직 사람들에게 적합하다. 업무와 관련된 특정 단어에 대한 집중도가 높다 보니, 영어로 말할 때 특정 단어에 집중하는 경향이 있다. 그런데 영어로 말하기 위해서는 단어도 중요하지만, 단어를 연결해서 문장으로 만드는 능력도 중요하다. 이 능력을 키우기 위해서는 단어에 대한 부담을 덜어야 한다. 훈련 결과, 주요 키워드로만 된 스크립트를 보고 수강생이 단어와 단어 사이에 들어갈 문장을 머릿속으로 완성했다. 영어 면접 과정을 통해서 영어회화 실력이 스스로 놀랄 정도로 많이 향상되었다.

한국어 키워드

나는 확신한다   업무관련 능력   경험

⇒ <u>저는</u> 직무를 잘 수행할 수 있을 것으로 <u>확신합니다</u>. 왜냐하면 <u>업무관련 능력</u>과 <u>경험</u>이 있기 때문입니다.

영어 키워드

I believe   relevant skills   experience

⇒ I <u>believe</u> that I will do well in this job because I have the <u>relevant skills</u> and <u>experience</u>.

'나는 확신한다(I believe)/업무관련 능력(relevant skills)/경험(experience)' 이라는 단어를 키워드로 뽑으면, 단어들을 연결해 문장으로 만들기 위해 기본적으로 언어 감각이 머릿속에서 활성화된다. "저는 이 직무를 잘 수행할 수 있을 것으로 확신합니다. 왜냐하면 업무관련 능력과 경험이 있기 때문입니다.(I believe that I will do well in this job because I have the relevant skills and experience.)"라는 문장으로 만들기 위해서 머릿속에서 생각하는 과정에서 문장이 완성되는 것이다.

'나는 저렇게 영어 문장을 못 만들어요'라고 생각하는 사람이 있겠지만, 미리 겁을 먹고 시도조차 하지 않기 때문에 못한다고 생각한다. 막상 영어 문장을 읽어 보면 다 아는 단어로 되어 있고 해석도 가능하다. 그렇다면 당연히 입 밖으로 영어 문장을 꺼낼 수 있을 텐데, 그렇게 하지 못한다. 그동안 영어 문장을 만드는 영역을 사용하지 않았기 때문이다. 나는 수강생마다 다른 방법으로 영어를 잘 말할 수 있게 만든다. 영어 문장을 만드는 심리 영역을 어떻게 발달시키는지 누구보다 잘 알기 때문이다.

영어 면접을 제대로 준비해 한번 실력을 키워 놓으면 언제든지 영어 면접에서 자신만의 강점을 가지고 잘 대비할 수 있다. 그런 이유에서 처음부터 딱 한 번만이라도 잘하는 것을 목표로 준비하는 게 좋다.

영어에 자신 없던 사람을 해외 취업에 성공시키다

나를 찾아온 수강생은 해외 취업을 할지, 국내 외국계 회사에 취업할지 고민을 하고 있었고, 영어회화 실력도 향상시키고 싶어 했다. 대학생이라면 해외 취업을 한번쯤 꿈꾸지만, 직접 실행하는 사람을 극소수다. 도전을 한다면 성공 가능성도 보장할 수 없다. 이 수강생은 도전을 택했다. 30대 이하의 구직자라면 진로 고민이 많기 때문에, 수강생의 관점에서 희망 회사에 취업할 수 있게 직무와 회사를 같이 선정한다. 수강생과 함께 리서치를 하면서 선호하는 직무를 확인한다.

나는 국내 대다수 유명 외국계 회사와 국내 기업의 수강생들에게 꾸준히 1:1 영어 수업을 진행하면서 실무자로서의 관점과 업무 감각을 익혔다. 이런 간접 경험을 통해서 실제로 실무 경험을 한 사람처럼 업무에 필요한 지식과 능력을 파악하고 있다. 따라서 취업 영어 과정을 통해서, 회사 근무 경험이 없는 구직자(수강생)에게 영어뿐만 아니라, 어떤 직무가 적합한지 파악해서 개인 성향에 맞춰 적합한 정보와 상황을 세세히 알려 준다.

영어 면접에서는 구직자가 실무 지식을 이해하고 있어야 효과적으로 대응할 수 있다. 실무에 대한 이해가 없는 경우에는 결국 말만 번지르르할 뿐이다. 결국 구직자가 지원 분야에 대해 자세히 알고 있어야 한다. 그런 이유에서 나는 면접 보는 수강생의 업무 영역을 같이 공부한다. 수십 페이지의 PDF 자료를 같이 공부하면서, 실제 면접에서 나올 수 있는 질문 상황에 대비한다. 예를 들어 회계 관련 면접을 준비하는 경우, 회계 기본 이론과 현재 이슈가 되는 문제 등을 같이 공부하면서 면접을 준비시킨다.

이 수강생의 경우, 회계 업무에 지원했다. 회계는 내가 대학교 때 공부한 분야이기도 했고, 회계사 및 관련 경력자를 대기업과 외국계 기업에 취업시킨 경험이 여러 번 있어서 실무자라고 해도 무방할 정도로 업무 이해도가 상당히 높다. 수강생이 나를 더욱 신뢰하면서 열심히 준비하게 된 이유였다.

신입/경력으로 외국계 회사에 취업하려는 경우, 일반적으로 면접관에게 다음과 같은 질문을 받게 된다. "우리 회사에 지원하는 이유는 무엇입니까?" 이런 공통적 질문만 준비하면 예상치 못한 질문에는 제대로 답변할 수 없다. 대신, "IFRS(국제회계기준)에서 US GAAP(회계기준)의 가장 큰 차이점에 대해 몇 개만 말해 주세요." "한국에는 과세할 때 소득구간에 인플레이션을 고려하지 않나요?" 등 전문적인 영역까지도 심도 있게 준비한다. 외워서 답변이 불가능한 영역까지도 영어 면접으로 대비하고, 충분히 질문 받을 가능성이 높은 부분을 집중 공략한다. 그렇기 때문에 영어 면접이 끝나면, 이 수강생뿐만 아니라 많은 수강생들이 대부분 준비한 범위에서 전문 영역 질문이 나왔다고 안도해 했다.

이 수강생은 영어 면접을 준비하면서 지원자로서 갖춰야 할 사항을 충분히 준비했다. 비록 신입 지원자였지만, 최대 3년 이상의 경력자처럼 보일 수 있게 했다. 해외 취업이다 보니 변수가 많아서 준비하는 사람은 당연히 위축될 수밖에 없다. 그래서 수강생의 자신감을 올리고 많

TIP   **해외 취업을 위한 영어 면접**

많은 취업 준비생들이 해외 취업을 고려하고 있다. 가장 선호도가 높은 나라인 미국과 캐나다, 호주, 영국 등에 취업하려면 비자 취득에서 문제가 많이 생긴다. 취업 전에 에이전시를 통해서 취업 비자를 발급받을 수 있는지가 더 중요하다. 최소 1년 이내의 인턴이나 단기 취업비자를 발급받아야 한다. 그런 이유에서 홍콩이나 싱가포르 등 아시아권으로 취업하는 경우도 있다. 지리적으로 가깝고 같은 아시아 국가라 심리적으로 편한 것도 있고 영어도 배울 수 있어서 좋다. 20대 중후반의 사람에게 적합하다.

취업사이트를 통해서 주로 화상 면접으로 채용 여부를 결정하기도 하고, 정부 지원 사이트를 통해 정부 보조를 받고 지원하는 방법도 있다. 대부분 영어 면접에서 합격의 당락이 결정된다.

영어 면접은 온라인 화상면접과 실제 만나서 진행되는 대면면접이 있다. 면접에서는 외워서 쓰는 문장은 의미가 없다. 면접관이 자신이 준비하지 않은 스타일로 질문을 하거나 꼬리 질문을 하면, 그때부터 말이 막히기 때문이다. 그래서 영어 답변을 한국어 수준으로 능수능란하게 말할 수 있을 정도로 집중 훈련해야 한다. '한국어 수준으로 영어 면접이 가능한가?'라고 의아해할 수 있지만, 한국어로 진행되는 일반 면접이라도 준비를 안 하면 좋은 결과를 얻기 힘들다.

하지만 영어를 잘 못하는 사람이라도 훈련을 열심히 하면 영어 면접에서 충분히 뛰어난 실력을 발휘할 수 있다. 전혀 새로운 영역을 말하는 게 아니라(그렇다면 경력자만 지원해야 하는가?) 구직자가 잘 알고 있고 경험한 분야를 단지 영어로 말할 수 있게 훈련하기 때문이다. 일부 전문용어를 익힐 필요는 있겠지만, 기본적으로 단어로 외우지 않아야 면접에서 더 좋은 성과를 낸다.

이 격려해서 포기하지 않도록 했다.

심리적인 부담을 덜기 위해서, 수강생이 원하는 쉬운 단어를 활용하여 답변을 할 수 있게 훈련했고, 답변을 할 때는 자신의 생각을 편안하고 차분하게 말하도록 하는 훈련을 했다. 지원 분야가 명확해서, 수강생의 면접 답변에 대한 이해도와 응용력이 빨랐다. 회계에 관련된 파생 분야인 세무, 경제, 환율 그리고 현지 국가의 기준을 반영한 회계, 세법의 차이점에 대해서도 영어로 답변할 수 있게 훈련시켰다. 광범위한 주제로 면접 답변을 훈련하는 것도 중요하지만, 궁극적으로는 영어로 편하게 말할 수 있어야 한다. 심리적으로 편하게 말을 할 수 있으면 구직자의 입장에서 영어 면접을 지배할 수 있다.

직장인 영어 코칭: 외국인과 자유롭게 대화하고 싶어요

외국인이 하는 영어도 별것 아니다

우리는 푸른 눈에 금발 머리 외국인이 영어를 못한다면 다소 의외라고 생각하는 경향이 있다. 유럽 사람들은 미국인이나 영국인과 외모가 비슷해서, 막연히 영어를 잘할 것이라고 생각하는데, 꼭 그렇지는 않다. 실제로 유럽 사람들은 영어를 아주 잘한다고 생각하는 아시아 사람들의 시선에 부담스러워 한다는 말을 들었다. 이와 마찬가지로 한국인이라고 모두 한국어를 잘하는 것은 아니다. 그런데도 우리는 원어민의 영어를 부러워하고 자신을 자책한다. 그럴 필요 없다. 아시아인인 우리가 영어로 커뮤니케이션을 하는 경우, 상대방 측에서는 우리를 어느 정도 배려하는 경우가 많기 때문에 더 당당하게 말해도 괜찮다. 우리가 알고 있는 영어 지식에 비해, 심리적으로 위축되어 있어서 제 실력을 발휘하지 못한다고 생각한다.

해외에 본사가 있는 글로벌 회사에서는 회사마다 영어를 대하는 태도가 다르다. 일반적으로 독일이나 유럽계 회사에서는 영어의 정확성보다는 커뮤니케이션의 정확성에 초점을 맞춘다. 비즈니스를 진행할 수 있는 영어 능력을 원하는 것이다. 영어 실력이 뛰어나면 좋지만, 그것이 주된 능력은 아니다. 영어 실력만으로 채용했다면 전부 원어민의 수준에 가까운 구직자만 뽑았을 것이다. 오히려 업무 역량과 능력을 보고 채용한 것이다. 그렇기 때문에 영어가 부족한 직원들도 일을 하는 것이다.

이제는 영어로 말할 수 있다

외국계 회사에 근무하는 사람들의 가장 큰 고민은 말이 바로 안 나온다는 것이다. 가장 속상할 때는 옆 동료의 말을 들으면 다 알아듣는데, 정작 자신은 한마디도 못한다는 것이다. 오래 근무해서 기본적인 말은 하더라도 상대방에게 속 시원히 말하는 것은 힘들어 한다. 왜 그럴까? 이유는 간단하다. 우리말을 할 때처럼 머릿속에서 자동적으로 말하기보다는, 외운 문장을 내뱉는 훈련을 해서 그렇다. 3장의 '레고 블록처럼 영어 문장 조립하기' 훈련을 하면 속 시원히 말할 수 있게 된다. 엘리베이터에서 아무 말 못하고 입 다물고 있던 모습, 매일 말 대신 웃기만 하는 모습이 변하게 될 것이다. 이 훈련을 하게 되면 수강생들은 다음 주에 있을 외국인 고객이나 바이어와의 미팅이 기다려진다는 말을 많이 한다. 적어도 자신이 하고 싶은 말을 어떻게 할지 머릿속으로 문장으로 만들고 조합할 수 있어서 직접 사용하고 싶어진다.

영어가 조금씩 귀에 들어와요

영어로 하고 싶은 말을 하나씩 늘려가다 보면, 평소에 잘 듣지 못해서 이해하지 못했던 내용도 편하게 들을 수 있다. 예를 들어 Insight Sales(데이터나 자료를 분석해서 가장 효율적으로 세일즈에 관한 의사결정을 할 수 있는 통찰력)라는 단어도 머릿속으로만 알고 있더라도, 영어로 말해 보지 않으면 잘 들을 수 없다. 하지만 평소에 Insight Sales라는 단어를 영어로 말한 적 있으면 귀에 쉽게 들릴 수 있다.

외국계 회사에 근무하는 한 수강생은 내게 영어 코칭을 받은 후로는 회의에서 큰 즐거움을 느낀다고 한다. 예전에는 다른 사람들이 하는 영어가 하나도 안 들렸지만, 자신이 회화를 조금씩 하다 보니 영어 단어가 전보다 더 많이 들린다고 한다. 모든 문장을 100퍼센트 듣는 것은 불가능하다. 우리가 사용하는 한국어도 100퍼센트 다 들을 수는 없다. 다만 상대방이 말하는 의도를 이해하는 데 온 신경을 쓸 뿐이다. 그렇기 때문에, 영어 회화를 할 때도 모든 단어를 듣는 데 집중할 것이 아니라, 상대방이 어떤 의도로 말하는지 파악하는데 집중한다면 영어를 들을 때 받는 스트레스를 줄일 수 있다. 원어민의 듣기 능력을 자신의 목표로 설정하지 말자. 차라리 특정 주제에 대해 영어로 하고 싶은 말, 설명, 자료 분석 등 말하는 능력을 기르면, 그 주제에 대한 이야기가 시작될 때 한국어처럼 충분히 이해할 수 있다.

외국어는 입에서 시작한다. 입이 열려야 듣고 쓰고 읽는 능력을 발휘할 수 있다. 이 수강생뿐만 아니라, 대기업이나 외국계 회사에 근무하는 많은 수강생들이 이구동성으로 하는 말이 있다. 자신이 영어로 말할 줄 알게 되면서 업무 내용이 훨씬 더 편하게 들린다는 것이다. 어차피 '업무상 대화 주제'는 한정되어 있다. 업무에 따라 쓰는 어휘도 정해져 있으므로, 그 단어들을 잘 연결하는 방법을 활용한다면 영어 듣기 훈련에 많은 도움이 될 것이다.

영어를 제2외국어로 쓰는 외국인과 대화할 때

사람마다 목소리 성량과 톤이 다르기 때문에 못 알아듣는 경우도 많다. 영어의 문제가 아니라 '음성'의 문제다. 나라마다 인종마다 말할 때 쓰는 성대와 근육이 다르기 때문이다. 덩치가 큰 서양인의 굵은 목소리, 아주 가는 톤으로 말하는 서양인의 목소리로 영어를 듣게 된다면, 잘 아는 단어가 나오더라도 생소하게 들린다. 영어를 제2의 공용어로 쓰는 나라에서 온 사람이 말한다면, 원래 모국어에 영어가 섞여서 때로는 영미권의 사람도 이해하기 힘든 발음이 나온다. 인도 사람의 목소리와 영어 발음, 홍콩 사람의 목소리와 영어 발음은 처음에는 이해하기 쉽지 않다. 만약 주변에 인도나 러시아 친구들이 있어서 그들의 목소리가 익숙하다면, 그들이 하는 영어도 듣기 쉽다.

결국 경험이 중요하다. 미국인이나 영국인의 발음도 잘 알아듣기 힘든데, 우리처럼 영어를 제2외국어로 사용하는 사람의 영어를 이해하기란 쉽지 않다. 현실적으로 국내에서 그런 배경의 외국인과 만나서 이야기하기 쉽지 않기 때문이다. 그렇다고 방법이 없는 것은 아니다. 처음에는 못 알아들었더라도, 저 사람은 이렇게 발음한다는 것을 알게 되면 나중에는 잘 들린다.

스스로 하고 싶은 말을 할 수 있게 되면, 그때부터 다양한 외국인들과 이야기하면서 영어를 귀에 익혀야 한다. 이때 해외로 여행을 많이 가거나, 어학연수를 통해 다양한 외국 사람을 만나서 이야기하면, 영어 실력을 크게 향상시킬 수 있다. 무작정 '해외 나가면 영어가 되겠지'라고 생각하는 것이 아니라, 어느 정도 하고 싶은 말을 충분히 할 수 있을 때, 여러 다양한 톤의 목소리를 들으면서 말을 주고받기 위해 어학연수를 가는 게 좋다.

외국계 회사에 근무해요. 영어가 되니 신기해요!

외국계 회사에 근무하는 한 수강생의 사례다. 이 수강생은 국내에서는 본사나 해외 고객과의 화상회의나 통화를 많이 하는 업무를 담당했고, 미국이나, 중국, 동남아 등으로 해외출장도 상당히 자주 가는 편이었다. 한국에서 정규 교육과정을 마쳤고 어학 점수도 높은 상황으로, 글로 쓰는 영어는 어느 정도 가능하지만 회화에서는 자신이 없어서 나를 찾아왔다. 이 수강생뿐만 아니라, 외국계 회사나 영어 관련 업무를 하는 대다수 한국 직장인이 겪고 있는 고민이기도 하다.

보통의 영어 학원에서는 일반적인 주제의 짧은 대화가 수록된 자료나 교재로 그날의 수업을 진행한다. 오랜 기간 동안 꾸준히 수업을 받는다면, 일상생활 회화에서 많은 효과를 볼 수도 있다. 하지만 직장에서 자신만의 업무를 당장 영어로 처리해야 할 때는 큰 도움이 되지 않는다.

이 수강생은 당장 고객과의 미팅에서 제품 납기일을 조정하고 기술적인 협의를 해야 하는데, 학원에서 제시하는 일반 주제의 커리큘럼으로는 미팅이 끝난 후 가벼운 대화를 하는 데 도움이 될 수는 있겠지만 정작 중요한 업무에 적용하기는 힘든 상황이 많았다고 토로했다. 그럴 수밖에 없는 것이, 해외영업 업무라고 해도 화장품이나 의료 장비 등 제품군에 따라 쓰는 용어와 표현이 다르고, 업종별·회사별로 쓰는 용어가 다르기 때문이다. 용어나 비즈니스 상황을 표준화해서 교재로 만들기도 쉽지 않고, 그런 교재를 구매하려는 독자도 극소수다.

나는 수강생과 수업을 하면서 업무 분야에 대해 같이 공부한다. 모르는 부분은 수강생에게 물어보면서 수강생이 영어로 답변할 수 있게 훈련시킨다. 업무 지식을 모르는 것이 아니라, 그 해박한 지식을 영어로 말을 못하는 것뿐이다. 그래서 나는 수강생이 하고 싶은 말을 영어로 표현할 수 있게 거드는 역할을 한다. 따로 영어 공부를 하지 않아도 될 뿐만 아니라 머릿속에서 영어 문장을 조합하는 훈련만 하면 된다.

물론 혼자서도 충분히 연습할 수 있다. 3장의 '레고 블록처럼 영어 문장 조립하기' 훈련을 통해서, 어떤 상황에서도 영어 문장을 머릿속으로 바로 만들면 논리적으로 답변할 수 있다. 이미지 트레이닝과 비슷하다. 그리고 실전에서 머릿속으로 영어 문장을 생각하기도 전에 이미 말이 뒤이어 나올 수 있게 훈련했다. 고객과의 미팅에서 일어날 수 있는 온갖 변수를 다 고려하여 전략과 준비사항을 같이 점검했다.

이 수강생은 많은 야근과 출장으로 수업 시간을 내기 쉽지 않아서 일정을 탄력적으로 운영했다. 철저히 수강생 맞춤형으로 수업 주제나 콘텐츠를 제공했다. 수업이 재미있으니까 나중에는 휴가 날에도 수업을 받으러 왔다. 수업이라기보다는 영어 수다에 가까웠다. 업무 이야기를 비롯해서 개인적인 고민까지 영어로 속 시원하게 말할 수 있게 했다. 양방향 커뮤니케이션이 내 영어 수업 핵심 중 하나다.

해외 출장에 대비해서는, 회의 결과를 수강생이 원하는 방향으로 도출해 내기 위해 롤 플레잉을 많이 했다. 회의 배경과 예상 쟁점 등을 파악해서 회의 주제로 여러 상황극으로 수업을 진행했다. 비즈니스 방식은 국가마다 민족에 따라 조금씩 차이가 있어서, 확률상 일어날 가능성이 낮은 극단적인 상황도 준비했다. 업무와 업무 외적인 부분에서 그런 변수도 같이 준비하면서 대응했다.

업무에 필요한 영어 말하기 실력을 갖춘 후에는 영어에 대한 해방감을 느끼며 업무에 더 집중할 수 있어서 업무 역량도 늘어난다. 자신의 업무에 대해 영어로 편하게 말할 수 있기 때문에, 이직 준비를 하더라도 영어 면접에서도 좋은 결과를 얻는 일석이조의 효과도 있다. 교재 밖의 실무에 필요한 영어 말하기 실력을 길러야 하는 이유도 바로 거기에 있다.

영어 프레젠테이션, 더 이상 스크립트 보지 않아요

영어로 프레젠테이션을 할 때 고개를 숙이고 스크립트만 읽는 사람들이 많다. 고개를 숙이면 발음이 더 불분명해질 뿐만 아니라, 청중과 눈을 마주치지 않고 이야기를 하는 것이어서 설득은 더 더욱 할 수 없다. 영어로 프레젠테이션을 하면서 의사표현을 명확히 하고 청중을 설득시키려면, 키워드로 연습해야 한다. 스크립트를 만들어 절대 문장 자체를 외우려고 하지 마라. 중요한 키워드만 알고 있으면 된다. 리허설을 할 때마다 말하는 문장이 달라지더라도 오히려 그것이 자연스럽다. 그런 연습 과정을 거쳐야 듣는 사람 입장에서도 발표자가 생각하면서 말하고 있다고 생각한다. 외국의 FOX나 CNN 뉴스를 진행하는 앵커나 리포터 들이 말하는 스타일과 말할 때 짓는 표정을 통해서 풍부한 감정을 전달하는 느낌을 떠올려 보자. 감정을 초대한 자제하고 내용 전달에 집중하는 국내 방송국의 앵커나 리포터와는 확실히 다르다. 국가마다 문화 차이가 있어서 어느 것이 더 좋다고 할 수는 없지만, 영어로 말을 잘하고 싶어 하는 사람이라면 기왕이면 영어권 국가의 말하기(스피치 등)을 따르는 것이 좋은 것 같다.

스크립트 없이 영어 프레젠테이션을 잘하려면, 리허설을 하면서 질문과 답변을 주고받는 연습을 해야 한다. 나는 수업 시간에 슬라이드 하나를 발표할 때마다 많은 질문을 던져서 수강생이 답변하는 방향으로 진행한다. 슬라이드마다 같은 내용을 묻더라도 질문 유형을 다르게 해서, 각각 논리적으로 일치되게 답변할 수 있도록 훈련한다. 문장의 의미가 왜곡되지 않는 선에서, 논리적인 부분을 강조한다. 실제 프레젠테이션 하면서 질문 받는 것처럼 철저히 준비하면, 실제 상황에서 누가 갑자기 질문을 하더라도 당황하지 않고 여유를 가질 수 있다.

특히 글로벌 회사에서는 직급이 올라갈 때마다 영어 커뮤니케이션 능력의 유무가 승진에 큰 변수가 된다. 날카로운 질문들을 수차례 제대로 답변해 내면서, 자신감 있게 발표하면서 희열을 느낀다면 이때 느끼는 기쁨과 경험은 가치를 매길 수 없다. 영어 말하기를 뛰어넘어서 자신이 대화의 중심을 쥐고 있다는 것을 느낄 수 있다.

지금 생각해도 멋지고 뿌듯한 사례가 하나 있다. 나와의 부단한 연습을 통해서 외국인 대상의 영어 강의와 영어 프레젠테이션에서 호평을 받고 현재는 캐나다에 이민 가서 살고 있는 직장인의 이야기다. 이 수강생은 영어 말하기 실력도 중요하지만, 당장 외국인을 대상으로 영어로 강의해서 이해시켜야 하고, 영어 프레젠테이션도 능숙하게 해야 하는 상황이었다. 처음부터 수강생이 영어 강의와 영어 프레젠테이션을 직접 하게 하면서, 내가 그때 그때 수정할 부분을 교정했다. 수강생은 영어 프레젠테이션을 하는 것만으로 영어 실력이 늘 것인지 반신반의했지만, 나는 가능하다고 봤다. 자신이 가장 잘 하는 영역에서 영어 말하기 실력을 늘리는 것이 가장 좋기 때문이다.

수강생들에게 늘 하는 말이 있다. 우리는 영어를 원어민처럼 쓰지 않다도 된다는 것이다. 영어 실력이 없어도 된다는 말이 아니라, 필요한 분야에서 문제가 없을 만큼의 실력을 최소한으로 갖추면 된다는 뜻이다. 이 수강생에게는 특별한 업무 지식이 있으므로, 발표할 때 원어민처럼 유창한 영어가 목표가 아니라 청중을 어떻게 이해시키고 청중이 궁금해하는 내용을 미리 생각해서 발표할 때 어떻게 활용할지에 주안점을 둬야 한다(실제 원어민 중에서도 영어로 강의나 프레젠테이션을 못하는 사람도 많다). 예를 들어 한국어로 패션을 주제로 발표한다고 할 때, 한국어를 잘하는 사람보다 패션에 대해서 청중에게 제대로 정보를 전달할 수 있는 사람이 중요하다. 즉 발표자에게 필요한 것은 한국어 능력이라기보다는 청중에게 패션 정보를 이해시키고 청중을 공감시키는 능력인 것이다.

수강생의 일생일대의 기회가 걸린 일이어서, 최대한 일정을 맞춰서 평일 밤 11시, 주말 오전과 오후, 저녁 등 심지어 휴일에도 리허설을 할 수 있게 도와 주었다. 예상 질문과 답변 내용을 전부 연습시키고 리허설을 할 때는 돌발 질문을 하여 예기치 못한 상황에 대처하는 훈련도 시켰다.

이 수강생은 영어권 국가에 오래 거주해서 영어가 한국어보다 편한 사람을 제치고 '외국인을 대상으로 하는 영어 강의/영어 프레젠테이션

평가'에서 높은 평가를 받았다. 그 평가를 바탕으로, 캐나다의 현지 법인에서 일할 기회를 잡아서 현재 캐나다에서 즐겁게 생활하고 있다.

미국 LPGA 골프 티칭 영어 실습도 통과하다

수업하다 보면 전혀 생소한 분야에서 일하는 많은 사람들을 만난다. 특히 한번도 경험해 보지 못한 영역에서 근무하는 분들과 수업할 때는 코치하는 나도 새로운 이야기를 들으면서 신기하고 배울 것도 많다. 골프를 쳐 본 적도 없고 골프에 대해서도 아무것도 모르는 나와 함께 미국 LPGA(Ladies Professional Golf Association, 여자 프로골프) 골프 티칭을 준비한 수강생이 있다. 어떻게 이 수강생은 미국 LPGA의 골프 티칭 영어 실습을 통과했을 뿐만 아니라 영어로 이야기하는 게 더 이상 어렵지 않다고 느끼게 된 걸까? 이 수강생이 특별해서일까, 아니면 코치인 내가 특별해서일까? 둘 다 아니다. 나와 수강생 모두 적어도 특별한 영어 재능은 없다.

몇 해 전에 이 수강생이 처음 카페에 왔을 때가 생각난다. 혹시라도 이 수강생의 자격증을 보고 외국에서 오래 살았거나 외국에서 학교를 나온 사람이라고 생각하는 독자가 있을지 모르지만, 국내에서 정규 교육을 받은 평범한 사람이다. 해외에 여행 간 적은 있지만 어학연수는 다녀오지도 않은 사람이어서, 영어 말하기 실력은 만족스럽지 않은 수준이었다. 나를 찾아오는 대부분의 수강생들처럼 영어로 말하지 못해서 오는 답답함 때문에 힘들어 했다. 그중에서도 두려움이 컸다. 낯선 영어로 말하려니 당연히 생각이 나지 않고 당황할 수 있는데, 상대방은 기다려 주지 않는 경험이 반복되면서 위축된 상태였다.

나는 수업을 진행하면서 수강생이 말할 때까지 잘 기다려 준다. 한 시간 동안 영어로 한 문장을 만들 때까지 편안하게 기다려 주었다. 영어를 시작하는 모든 수강생들에게도 동일한 방법을 적용한다. 영어 초보자에게는 많은 것을 배우기보다는 많이 기다려 줄 수 있는 사람이 필요하기 때문이다. 이 수강생은 이미 골프 지식과 경험이 상당히 많았기 때문에, 영어로 말할 수 있는 길만 터주면 그때부터는 아는 단어로 조합해서 설명하는 '연습'만 하면 되었다. 더 이상의 공부는 필요 없었다.

수업에서 티칭 자격증을 따야 할 때만 골프를 주제로 이야기했다. 가장 큰 목적은 영어로 말하는 능력을 기르는 것이기 때문이었다. 미국 골프 티칭 자격증은 중간 과정에 불과했다. 이것은 나와 수강생의 철학이 일치해야 하는 부분이다. 나는 자격시험을 절대 최종 목적으로 여기지 않았기 때문에, 상담할 때 이 부분에 대해서 수강생과 많은 대화를 나눴다. 영어로 하고 싶은 말을 편하게 할 수 있다면 영어로 골프를 가르치는 수업도 편하게 할 수 있다. 그런 이유에서 평소에는 주변에서 벌어지는 일상을 주제로 이야기를 나눴다. 수업 시간에는 친구와 카페에서 이야기하는 것처럼, 또는 마치 심리 상담을 하는 것처럼 수강생과 마주보면서 대화를 나눈다. 대화 중에 수강생이 하고 싶은 말을 하지 못하면, 내가 쉬운 표현으로 영어로 말할 수 있게 이끌어 준다. 골프 용어에 대해서는 오히려 내가 수강생에게 물어 봤다. 나의 골프 용어 질문에 대해서, 수강생이 '가장 잘 아는 단어'를 활용해서 답하게 했다. 가장 잘 아는 단어는 머릿속에 순간적으로 떠오를 만한 수준의 단어를 말한다. 이것이 영어로 하고 싶은 말을 하기 위한 기본 전제조건이다.

LPGA CLASS A 자격증 취득을 위해 가장 중요한 것은 비디오 레슨이다. 수강생이 가장 걱정했던 것도 이 레슨이었다. 골프 초보자를 영어로 교습하는 영상을 직접 찍어서 미국 LPGA에 보내야 했기 때문이다. 이 영상을 찍을 무렵에는 수강생이 영어로 말하는 게 어느 정도 편안해진 상황이었지만, 비디오 제출에 대한 심리적 압박감을 받고 있었다. 그래서 기본적인 스크립트를 만들어서 불안감을 줄여 주었고, 연습을 할 때는 스크립트 없이 스스로 생각해서 영어로 말하는 훈련을 시켰다. 이때 수강생의 비디오 레슨에 내가 직접 참여했다. 카페 근처의 스크린 골프장에 가서 영상을 찍었다. 수강생의 부탁도 있었고 나도 골프채를 한번 잡아보고 싶었다. 나와 꾸준히 영어로 이야기했기 때문에, 수강생의 마음이 편했던 이유도 있었다. 놀랍게도 이 비디오 레슨 촬영 중에 내가 공을 연속으로 3번이나 홀에 넣었다. 그 후로도 수차례 성공시켜서, 수강생은 골프를 영어로 가르쳐도 잘할 수 있다는 자신감도 얻었다.

현재 이 수강생은 마지막 필기 테스트를 치르고 결과를 기다리고 있다. 한국인이 가장 어려워하는 영어 말하기 시험(영어로 골프 코칭하기)을 통과했으니 큰 걱정은 덜었다. 나 역시 한결 마음이 편했다. 그동안 스크린 골프장에 같이 가서 연습을 하면서 나와 수강생이 서로에게 배워야 했기 때문이다. 수강생은 골프를 처음 시작하는 사람에게 훌륭한 퍼팅(putting)을 하는 방법을 알려 주고, 나는 골프를 영어로 코치하는 방법을 연습시켰다. 생각해 보면 퍼팅 잘하는 법은 정말 간단했다. 수강생이 내게 퍼팅 잘하는 '원리'를 알려 줬는데, 어깨를 고정시키고 팔을 부드럽게 움직여 마치 붓으로 횐 선을 길게 그리는 느낌으로 골프채를 움직이라는 것이었다. 길고 지루한 설명도 아니었다. 그게 전부였다. 그 다음에는 연습을 하면서 자신에게 맞는 퍼팅 자세를 잡아야 한다는 것이다. 영어 말하기의 원리도 똑같다. 말할 수 있는 기본만 되어 있으면 나머지는 연습이다. 만약 수강생이 퍼팅에 대해서 긴 설명을 하고 내가 그 내용을 듣고 이해하는 데 대부분의 시간을 할애해야 했다면 어땠을까? 골프채를 들고 다니며 '아 오늘도 많이 배웠구나'라고 생각했을 것이다. 실제 퍼팅 실력은 늘지 않은 채로. 영어도 마찬가지다. 내 지식을 영어로 사용해야 실력이 는다. 자신의 지식을 영어로 사용하는 데 대부분의 시간을 할애해야 한다.

해외 체류/이민 코칭: 해외에서 1년 이상 살아야 해요

자녀 학교 문제로 외국에 가는 경우

자녀의 영어 때문에 외국에 가는 경우가 많은데, 주로 초등학교 입학 전후의 아이 학부모가 영어 수업을 신청한다. 기본적으로 '영어 말하기 공부 방법'과 '영어로 생각하는 사고력'을 기르는 데 집중한다. 현지에서 몸으로 부딪히며 영어로 소통해야 하기 때문에, 4장의 '영어 목소리' 훈련보다는 3장의 '레고 블록처럼 영어 문장 조립하기' 훈련을 통해서 머릿속에서 영어 문장을 무한정 생산하는 능력이 필요하다.

먼저 해외에 가서 사는 사람들의 블로그 및 카페에서 여러 에피소드를 함께 읽으면서 앞으로 어떤 상황이 벌어질지 예상한다. 그리고 수강생이 가장 필요로 하는 주제를 같이 찾아보며 이야기한다. 인터넷에서 찾은, 영어로 말을 못해서 벌어지는 다양한 에피소드를 자신의 실제 상황이라고 가정하고 그 위기를 극복하기 위해 어떻게 영어로 말할지 배우는 것이다. 이때는 모르는 단어라고 해도 몇 번 보고 말하면 절대 잊어버리지 않을 정도로 수강생 머릿속에 자리잡게 한다. 블로그 및 카페에서 찾은 에피소드 외에도 구글, 유튜브를 통해서 수많은 상황을 설정하고 영어 말하기 실력을 늘린다. 수강생들은 영어를 공부하기보다는 심리적으로 생존하기 위한 수단으로 영어를 인식하게 된다.

어학연수 및 대학 진학을 위해 영어가 필요한 경우

어학연수나 외국의 대학교에 가기 위해 영어 말하기가 필요한 사람은 20대 초중반대 수강생들로, 영어와 취업에 대한 많은 고민을 하면서 주로 미드나 영화를 보면서 영어 말하기 공부를 한다. 이 나이 때까지는 영어 면접과 비즈니스 영어에 대한 필요성보다는 정말 순순하게 영어회화 실력을 키우고 싶어 한다. 이런 수강생들에게는 자기 자신 및 성격을 소개하는 법을 비롯해서, 실제 현지에서 쓰는 영어회화 표현을 익혀서 재미있게 말해 보도록 한다. 아직은 영어로 말하는 게 서툴기 때문에, 수강생과 한국말로 대화하면서 대화 내용을 전부 영어로 바꾸는 연습을 주로 많이 한다. 이왕 해외에 가는 것이면 영어로도 편하게 말할 수 있다는 것을 수업 시간에 교정하면서 보여 준다.

처음에는 어려운 단어로만 말하려고 하는데, 내가 쉬운 단어와 간단한 문장구조만으로 영어를 말할 수 있게 하면 신기해한다. 또한 한

가지 표현에 집중하기보다는 다양한 표현을 말하도록 집중 훈련시킨다. 한국어로도 배고프다는 상황을 이야기할 때도 여러 표현이 가능하듯, 영어도 다양한 표현으로 상황에 맞게 쓰는 게 좋다는 것을 깨닫게 하는 데 심혈을 기울인다.

해외에 가기 전에 국내에서 영어 말하기 실력을 충분히 쌓게 하고, 현지에서는 다양한 국적의 사람들과 말하는 연습을 하도록 권유한다. 인근 도서관이나 공공기관을 통해 무료로 영어 실력을 기를 수 있는 프로그램을 소개하기도 하고, 수강생마다 진로에 따라 성공적인 유학 생활을 안내한다.

영어권 국가에 거주하면서 영어 말하기에 문제를 느끼는 경우

영어권 국가에 거주하는 사람들이 가장 공을 들이는 것은 '영어 목소리'와 '인토네이션'이다. 해외에서 오랫동안 생활하는 사람들 중에 영어에 자신감이 있는 사람들은 목소리부터 다르다. 반면 한국어 목소리와 영어 목소리가 비슷하다면 영어 자신감이 떨어져 있는 사람이다. 이런 분들은 대체로 조용한 성격으로 겁도 조금 많은 편이고 앞에 나서는 것을 주저하는 사람들이다. 생활반경도 좁아서, 주변에서 일어나는 일도 수업 주제로 삼기에는 한정적이다. 그래서 주로 종교, 자녀 교육, 미래 계획 등의 이슈에 대해 집중적으로 이야기한다.

이야기를 하면서 영어에 대한 심리적 장벽을 서서히 무너트리고 감정을 쏟아낼 수 있게 수업을 진행한다. 수강생들은 속상해 했던 일, 억울했던 일, 감사했던 일을 털어놓으면서 영어로 감정 이입하게 된다.

같이 대화를 나누면서, 자신이 알고 있는 단어가 많다는 사실에 놀라기도 하고, 알고 있지만 못 쓰고 있다는 사실에 한번 더 놀란다.

이제 무엇이든
영어로 재미있게 말해 보자

나는 영어를 완벽히 하는 사람이 아니다. 수강생 중에는 나보다 영어 능력이 뛰어난 사람도 많다. 그런데도 많은 사람들이 내게 영어를 배우러 온다. 정확히 말하면, 영어로 하고 싶은 말을 하는 방법을 배우러 오는 것이다. 처음에는 이 상황이 조금 낯설고 신기했다. 아무래도 사람들에게 영어를 사용할 기회를 만들어 주고 하고 싶은 말을 꺼내게 하는 능력이 내게 있는 것 같다. 그 능력 때문에 많은 사람들이 끊임없이 찾아오고, 기존 수강생들이 2, 3년 이상 재수강을 하면서 영어를 사용하는 재미를 느끼고 있다.

때로는 정확한 영어를 사용하고 싶어서 찾아오는 사람들도 있다. 음정과 박자 모두 완벽하게 노래를 부르고 싶어 하는 사람들이다. 대부분 학력이 높거나 학구적인 사람들이다. 실제로 노래 한 곡을 부르기 위해서라면 가능한 학습법이지만, 영어 말하기에서 '정확한 영어'를 정의하기는 힘들다. 언어, 특히 영어는 전 세계에서 수많은 사람들이 사용하기 때문에 정확한 영어의 기준이 국가마다 사람마다 다르다. 하물며 대화를 나누는 것은 서로의 언어적 완벽성을 분석하고 검증하는 것이 아니다. 우리에게는 실생활에서 편하게 자신의 이야기를 할 수 있는 영어와, 직장에서 차질 없이 업무를 진행할 수 있는 영어 능력이 필요하다.

대부분의 사람들이 영어 실력이 늘지 않아 고통스러워하며 학원에 다니지만 성공하지 못하는 게 현실이다. 나는 그 이유가 노력이 부족한 것보다는, 잘못된 곳에 시간과 돈을 투자했기 때문이라고 생각한다. 우리가 가장 얻고 싶은 '영어 말하기 능력이 나오는 공간'을 훈련하는 것이 아니라, '시험용 영역'을 기계적으로 반복했기 때문이다. 애초에 싹이 틀 수 없는 콘크리트 바닥에 물을 뿌리고 있었다. 햇빛이 비치는 곳에 씨앗을 심은 화분을 두고 물을 적당히 주면, 조금씩 싹이 난다. 나는 영어 말하기에 싹을 틔우는 방법을 확실히 알고 있다. 만약 내가 제시한 방법으로 영어 말하기 실력을 만족할 만큼 키울 수 없다면, 영어 말하기를 포기해도 괜찮다. 노력하다 포기해도 시간이 지나면 그 자리에서 다시 싹이 나올 수 있다.

사람마다 각기 다른 영어 수준에 맞게 코치할 수 있다고 자부한다. 나 역시 그 과정을 그대로 걸었기 때문이다. 내가 걸어온 길처럼, 수강생들은 영어로 하고 싶은 말을 하는 방법부터 배운다. 수업 시간에 수강생들이 하고 싶은 말을 할 수 있게 진행하면서, 스스로 배울 수 있는 방법을 유도한다. 대화하면서 자연스럽게 영어 말하기 실력을 늘리는 것이다. 이렇게 하면 영어 공부를 뛰어넘어서, 영어를 자신이 필요한 영역에 사용하는 방법을 즐겁게 익힐 수 있다.

무엇보다 영어를 마음 편히 대해야 한다. 잘 말하지 못하고, 잘 듣지 못하고, 잘 쓰지 못해도 그러려니 하는 마음으로 시작하자. 못한다고 부끄러워하지도 말자. 노력 그 자체만으로도 충분하다. 마음먹고 영어 말하기를 시작하는 것 자체가 대단하다고 생각한다. 오랫동안 수업을 진행하면서 느낀 것인데, 영어 말하기를 잘하기 위해 찾아오는 수강생들의 생각과 가치관은 아주 건강하다. 그만큼 열심히 살기 때문이다.

지금부터 시작하더라도 1년 후에 자신이 원하는 만큼 영어를 편하게 말하지 못할 수도 있다. 하지만 아예 시작하지 않는다면, 앞으로 10년 후나 그 이후에도 여전히 그럴 것이다. 하지만 살면서 한번쯤은 영어로 편하게 말하고 싶지 않은가? 언젠가 영어로 즐겁게 수다 떨고 외국인과 많은 이야기를 하면서 친구가 되는 것, 상상만 해도 기분 좋다.

언제까지 영어를 완벽히 해야겠다고 목표를 정하지 말고, 일주일에 1시간씩 영어로 수다 떨면서 결국에는 영어 수다쟁이가 되기를 바란다.

북큐레이션 • 원하는 직장에서 꿈꾸고, 가슴 뛰는 삶을 살고픈 20대가 읽어야 할 책

나에게 적합한 회사를 찾고 있는 당신에게 날개를 달아줄 취업 스킬, 현실에 좌절하지 않고
매일 꿈을 향해 도전하는 이들의 이야기를 통해 인생의 변화를 경험하세요.

자소서의 정석

우민기 지음 | 18,800원

**자소서의 정석 서류 합격률 93%,
최종 합격률 87.5% 자기소개서의 신화!**

원스펙 아카데미 스타강사 우민기 쌤의 자기소개서 작성 노하우를 담았다. 국
내에서는 유일하게 강사 자신의 서류통과 17승 기적을 일궈낸 합격 자기소개
서를 공개했다. 더불어 지난 4년간 3,500명의 취준생을 가르치며 익힌 합격
으로 이끄는 자기소개서 작성의 기본원리와 성장 과정 작성법, 성격의 장단점
작성법, 학창시절 활동사항 작성법, 지원 동기 및 입사 후 포부 작성법 등 각
항목별 Good point와 합격자 자신이 분석한 합격요인, 더불어 우민기쌤의
공략 포인트까지 실제적이고 구체적인 노하우를 소개했다.

취업면접의 정석

김정우 지음 | 18,800원

**면접에 나오는 모든 질문 총망라!
10문항, 300개 답만 알면 취업 OK!**

100전 100승 합격자들이 아는 1분 스피치 노하우 대공개. 면접은 생각보다
체계적이고 과학적으로 진행되지 않는다. 실제 면접 현장에서는 구직자의 이
미지가 합격 여부를 좌우하는 경우가 많다. 구직자의 이미지를 형성하는 데에
가장 큰 역할을 하는 것이 바로 1분 스피치이다. 그래서 우리는 1분 스피치
에 목숨을 걸어야 한다.

저자는 면접 준비가 전혀 되지 않은 상황에서도 초반 1분 스피치만 제대로 하
면 합격의 문턱에 가까이 갈 수 있다고 말한다. 이 책에서는 1분 스피치를 가
장 효과적으로 할 수 있는 방법을 오프닝 멘트, 역량 소개, 클로징 멘트 세 단
계로 나누어 살펴본다. 그리고 각 부분을 가장 완벽히 대비할 수 있는 예제
50여 개를 통해 1분 스피치를 완벽히 준비할 수 있도록 도와준다.

불황의 시대, 일본 기업에 취업하라

정희선 지음 | 13,800원

도전하는 곳을 바꾸면 취업의 문이 열린다
고용절벽의 시대, 일자리가 넘치는 일본으로 떠나라

일본 기업은 한국 기업과 달리 스펙, 자격증이나 인턴 경험 없이도 취업할 수 있으며, 일어를 잘하지 않더라도 영어 실력만 있으면 취업이 가능하다. 이 책은 우리가 제대로 알지 못했던 일본 취업 정보를 완벽히 분석했다. 일본 직장 생활의 장점과 취업 준비 노하우를 공유하여 생애 첫 일자리를 찾으려는 취업 준비생이나 이직을 꿈꾸는 사회초년생 및 경력사원, 글로벌 커리어를 꿈꾸는 모든 젊은이에게 일본 기업에 취업할 수 있는 성공 전략을 제시한다.

스펙, 토익 없이도 취업할 수 있는 전략

미친 실행력

박성진 지음 | 13,800원

지방대 출신, 공모전 기록 전무,
토익점수 0점의 저질 스펙 소유자!
미친 실행 하나로 국내 최고 유통 기업의 TOP이 되다!

"꿈과 열정을 가지세요! 생각하는 것만으로도 꿈을 이룰 수 있습니다."
자기계발서에 나오는 단골 멘트다. 저자는 이 말에 동의하지 않는다. 꿈과 열정을 가지고 생각하고 다짐만 한다면 절대 원하는 결과물을 얻을 수 없다. 아무리 뜨거운 열정과 큰 꿈을 가지고 있더라도 실행하지 않으면 아무짝에도 쓸모없는 것이 된다.

당신은 꿈꾸기 위해 태어났는가, 이루기 위해 태어났는가? 아무리 생생하게 꿈꿔도 소용없다. 그것을 실행시키는 사람만이 승자가 된다. 오늘 하지 못한 일은 평생 실행하지 못한다. 저자는 '언제 할까?' 고민하지 않고, '지금 당장' 움직이는 미친 실행력으로 인생을 180도 바꿨다. 인생을 바꾸고 싶다면, '지금 즉시, 될 때까지, 미친 듯이' 실행하라!

꿈을 향해 거침없이 나아가는 실행력!